대한민국 교육,
광장에 서다

대한민국 교육, 광장에 서다
검은 점들이 한목소리로 외치는 교육 개혁

1판 1쇄 발행 2023년 12월 12일

지은이	실천교육교사모임
펴낸이	한기호
책임편집	박혜리
기획	여문주
편집	서정원, 송원빈, 이선진
본부장	연용호
마케팅	하미영
경영지원	김윤아
디자인	김경년
인쇄	예림인쇄
펴낸곳	(주)학교도서관저널
	출판등록 제2009-000231호(2009년 10월 15일)
	주소 04029 서울시 마포구 동교로12안길 14(서교동) 삼성빌딩 A동 3층
	전화 02-322-9677
	팩스 02-6918-0818
	전자우편 slj9677@gmail.com
	홈페이지 slj.co.kr

ISBN 978-89-6915-158-2 03370
ⓒ 실천교육교사모임

· 이 책은 저작권법에 따라 보호를 받는 저작물이므로 무단 전재와 무단 복제를 금합니다.
· 책값은 뒤표지에 있습니다.

대한민국 교육, 광장에 서다

검은 점들이 한목소리로 외치는 교육 개혁

실천교육교사모임 지음

학교
도서관
저널

프롤로그

누군가는 기록해야 하고, 결국 나아가야 한다

무거운 주제로 글을 쓴다는 것은 쉽지 않은 일이다. 그것이 자신과 관련된 일이라면 더욱. 7월 18일 이후 일련의 시간 동안 내가 그였고, 당신이 나였다. 하지만 누군가는 기록해야 한다. 우리의 오늘은 곧 어제가 된다. 전례 없는 규모의 집회와 전국민적인 애도와 공감은 당분간 다시 없을 것이며 우리는 이 뜨거운 시간을 언젠가는 돌아보며 성찰하고 자성하며 평가해야 할 것이다.

 펜을 들기로 결심하고부터는 나름의 각오를 했다. 이런 중대한 사건 앞에서는 한없이 주관적이 될 수밖에 없다는 사실을 받아들이고자 했다. 한 관점의 주장은 다른 모든 관점의 누락일지 모른다. 그래서 각 분야에서 신뢰할 수 있는 선생님들이 모였다. 그리고 각자가 최대한 객관적이기보다는 자신의 이야기를 담백하게 풀어놓기로 했다. 하나하나의 시각은 말 그대로 개별적일지 모르나 한 권 책으로 엮인 일련의 글들은 중첩적인 이야기를 들려줄 것이라는 생각에서였다.

우리는 1부에서 7월 18일부터 열어 젖혀진 전례 없는 교육운동사의 새로운 흐름을 포착하고자 했다. 1부 첫 번째 글에서는 '일단 모이죠. 답답해서 안 되겠습니다.'라는 문장으로 시작된 '검은 점'의 출몰을 다루고 있다. 이 글을 통해 1차 집회에서 4차 집회까지의 이야기를 중심으로 35만 명 이상이 모였다고 추정되는 9월 2일의 7차 집회와 이른바 '공교육 멈춤의 날'이라고 불리는 9월 4일 전대미문의 움직임에 이르는 과정까지 직접 톺아볼 감사한 기회를 얻었다.

1부의 두 번째 글에서는 집회의 중심이었던 초등교사 커뮤니티 '인디스쿨'의 정체와 집회에서의 역할을 착실히 조망하고 있다. 커뮤니티의 중심에서 활약하던 김현선 선생님이 르포를 방불케 하는 현장감을 담아, '공교육 멈춤의 날'로 향하는 내부자들의 움직임이 마냥 흔들림 없이 평안한 것은 아니었으며, 그 어느 때보다도 치열한 노선투쟁 아래 있었음을 민낯 그대로 공개한다.

그다음 글에는 '교사의 착한 집회'에 대한 문제의식이 담겼다. 이설아 선생님은 현대 정치철학자 중 가장 저명한 롤스의 시민불복종 개념을 인용하여 교사들의 적극적인 행보를 지지한다. 다른 한편 그는 자신의 특별한 캐나다 유학기를 공개하며 교사들이 더욱 용기 내기를 촉구하고 있다. 이 글은 9월 4일과 11차에 걸친 '광장'을 경험한 교사들이, 단순히 만족하거나 무력해지지 않고 나아가야 할 길을 끊임없이 모색해야 한다고 힘주어 이야기한다.

1부의 네 번째 글은 학부모(보호자)들에게 교사가 보내는 가정통신문 형식이다. 교육계에 '돌직구'를 꾸준히 던져온 것으로 유명한 정성식 선생님은 이번에도 묵직한 돌직구를 사회 1면을 향해 뿜어내고 있다. 교사들의 행동은 학부모들에게 항의하기 위한 것이 아니라 안전한 학교 시스템을 마련해달라는 간절한 요구이며, 이는 횡단보도에 신호등과 정지선이 있어야 보행자가 안전하게 길을 건널 수 있음과 같이 당연한 일이라는 상식적인 메시지를 직선적으로 어필한다.

1부의 마지막 글은 서이초 사건 이후 학교 구성원들이 어떻게 협력해야 할지에 관한 하나의 가이드라인을 교사의 입장에서 정리한 김현규 선생님의 글이다. 세종시 학교교육지원센터에서 근무하는 김현규 선생님의 일상은 아침에 일어나 교육청에 출근한 뒤 지원이 필요한 여러 학교의 명단을 받고 해당 학교에 파견되어 수업을 지원하는 것으로 꾸려진다. 이렇게 특별한 일상에서 온 경험을 통해 교육의 주체들이 어떻게 회복되고 협력해야 하는지, 설득력 있는 관점을 '학교 문화'를 중심으로 제시한다. 특히 저자가 직접 경험한 세종시 교육활동보호조례 추진단은 그 대표적인 예시다.

2부는 지속적인 교권침해의 현황을 적나라하게 드러내보고자 시도한 글들로 이루어져 있다. 이는 교권침해가 피상적인 메시지로 이해되는 것을 넘어 실제적인 현실로 받아들여지게끔 하는 지렛대 역할을 기대하게 한다. 특히 교권에 대해 어느 정도 개념이 확립된 교사들도 자신의 학교급이 아닌 다른 학교급을 잘 알지 못하는 경우가 종종 있는데 2부가 큰 도움이 될 것으로 보인다.

2부의 첫 번째 글은 교권 및 교육법무에서 잔뼈가 굵은 현운석 선생님이 교권과 관련된 교육 통계의 해석과 더불어 그 이면의 현장을 드러내는 구성으로 이루어져 있다. 통계를 바탕으로 할 때 교권침해가 지속적으로 늘어나고 있다는 것은 통념과 다르지 않다. 하지만 교권보호위원회로 접수된 사안이 아닌 사례들은 누락되어 있으며, 통계의 해석이 교권보호위원회의 실효성을 높일 수 있어야 한다는 상식적인 결론으로까지도 이어지지 못하고 있다는 아쉬움을 통해 저자는 교권과 관련된 통계 체제 전반의 문제를 뼈아프게 드러낸다.

2부의 두 번째 글은 유치원의 현실을 지적하고 해법을 모색하는 이야기이다. 유치원 교사 이은주 선생님은 유아기 아이와 함께 한다는 특성 때문에 유치원 교사들이 유치원에서 발생하는 모든 문제를 자신의 탓으로 인식하는 경우가 많다며 안타까움을 전한다. 게다가 유치원 교사 대부분은 학부모의 요구가 당연한 권리라고 생각하며 무조건 참는다. 이를 개선하기 위해, 소외되어 있던 생활지도권 마련하기, 교권보호위원회 개정을 위한 노력, 학급별 생활지원교사 및 학교별 교무전담교사 배치 등 실질적인 제도 보완이 필요하다는 것을 저자는 역설하고 있다.

2부의 세 번째 글은 특수교사의 이야기를 들려준다. 특수교사 박선례 선생님은 특수교사에게 교권침해는 한 번도 경험하지 않은 사람을 찾기가 어려울 정도로 일상적이라고 말한다. 심지어 학령기 인구가 급격하게 감소하고 있음에도 계속해서 증가하는 특수교육대상학생의 규모는 정책 영역에서 간과되고 있다. 특수교육이 개인과 사회에게 단순한 통증이 아니라 성장통이 되기 위해서 1명의 특수교육대상학생도 잘 자랄 수 있는 교육환경이 마련되어야 한다고 주장하는 이 이야기는 현 시국에 더 이상 적실할 수 없다.

그다음에 이어지는 글은 학교의 중심이 교육행정이 되어온 유구한 학교교육 역사에 대해 쓴소리를 남긴다. 천경호 선생님은 "교실로 돌아가라"는 메시지가 교사들에게 얼마나 황당한 것인지 꼬집는다. 이 글은 동료 교사의 죽음을 뉴스로 접하고도 다음 날 웃으며 아이들 앞에 서서 수업을 해본 적 없는 이들이 교실에서 수업해야 하는 교사들을 어떻게 대하는지 보여준다. 이들은 언제나 교실을 지켜온 교사들을, 아이들을 가르쳐야 하는 수업 시간에 자신들이 모이는 회의에 초대한다. 그리고 교사가 응하지 않으면 사회에 관심이 없다고 일갈한다. 천경호 선생님의 글은 이들이 해야 할 일이 교사들의 이야기를 경청하는 것임을 설득력 있게 보여준다.

『손바닥 교육법』(실천교육교사모임 엮음)의 대표 저자인 정성식 선생님이 교권과 법의 관계에 대해 밝히는 글도 함께 담았다. 이른바 '교권4법'이 국회에서 통과되었지만 교권이 무엇인지에 대한 법적 정의는 아직 없다. 정성식 선생님은 교권은 보편적인 인권의 개념이자 적법한 교육활동 시간에 이루어지는 적법한 교육활동을 보호하는 것이라고 이야기한다. 교사가 교육법에 눈을 뜸으로써 교권이 지켜질 수 있는 것이라며 권리 위에 잠자지 말고 깨어 있을 것을 주문한다.

2부의 여섯 번째 글은 교육정책이 외면받는 현실과 그 이유, 구조적인 문제를 밝히고 있다. 김승호 선생님은 특유의 날카로운 시선으로, 교사들이 교육정책을 직접 챙겨야만 하는 갑갑한 현실 속에서 현실적인 자구책을 제시한다. 교사들의 목소리를 만들고 높이고 또 듣게 하려면 어떻게 해야 할까? 그 아이디어가 이 글에 담겨 있다.

2부 마지막 이야기는 타국의 교권과 학생인권을 살펴본 글로서 갓 해외에서 연수를 마친 현운석 선생님의 보고서 형식으로 이루어져 있다. 그는 덴마크, 핀란드, 영국, 프랑스 사례들을 우리나라의 현실과 비교하며 타국의 학생인권과 교권이 어떻게 조화와 균형을 이루는지, 그들의 학교문화가 어떻게 우리나라와 다른지 쉽고 상세하게 다루어 놓았다. 그는 말미에 한국의 현 주소를 밝히며 보편적 가치의 중요성을 주장한다.

3부는 구체적인 정책적 제안과 제도적 보완에 대한 제언들로 꾸려졌다. 그 첫 번째 글은 한희정 선생님 이야기로, 1949년 국가공무원법 제정 이후 기본권을 누릴 수 없는 존재로 살아온 정치적 천민으로서의 교사를 주목한다. 교사가 참정권을 온전히 지니지 못하는 것이 얼마나 치명적인지, 그리고 이것이 어떻게 확대 재생산되고 있는지 명백히 밝히는 이 글은 교사가 참정권을 확보하는 일이, 기피와 혐오를 넘어서는 민주시민 교육에까지 이를 것이라고 말한다. 더불어 검은 점들의 물결이 다시 한번 힘을 내어 헌법이 보장하는 교사의 기본적인 권리를 되찾자고 강력히 주장한다.

3부의 두 번째 글은 교원능력개발평가가 1년 유예되는 일에 대한 교단의 반응으로서 신동하 선생님의 진중한 시각을 통해 교개평에 대한 전면적인 재검토가 필요함을 골자로 한다. 신동하 선생님은 이왕 교원능력개발평가가 입에 오르내리는 김에 인신평가(교원평가)에서 직무평가(수업평가)로, 그리고 형식화를 초래하는 강제 부과에서 내실을 꾀하게 될 자율성 극대화의 원칙으로 정책의 방향성이 개선되기를 기대한다.

3부의 세 번째 글은 실천교육교사모임 회장으로서 천경호 선생님이 교원단체와 관련, 입법을 촉구하는 메시지를 던진다. 교원단체 설립 및 운영 등에 관한 법률이 없다는 입법의 공백 속에서 교육부의 입법부작위에 책임을 묻는 한편 입법을 통해 '교육정책에 관한 단체교섭이나 단체협약'이 활성화되고 보다 내실 있는 교육부, 교육청 운영이 가능할 것임을 역설하고 있다.

교사를 둘러싼 제도적 한계들을 어떻게 극복할지 이야기 나눈 후에는 2023년 여름, 광장에서 나온 중요한 주제인 '학교폭력'에 관한 내용이 이어진다. 김승호 선생님이 다시 한번 펜을 들었으며, 관련 법안에서 규정하는 학교폭력의 정의가 지나치게 광범위하다는 문제의식에서 시작한다. 가해학생을 누락하고 미인가 대안학교나 학교 밖 청소년은 포함되지 않는 이 개념이 계속 유지된다면 지금의 문제들이 줄어들기는커녕 더욱 악화될 가능성이 농후하다. 이 글은 법제 개혁과 함께 학교가 교육 기관의 역할을 되찾고 연결기관으로서의 역할을 적절히 수행할 때 학교폭력 문제를 해결할 수 있다고 역설한다.

3부의 다섯 번째 글 역시 천경호 선생님이 적었다. 교권과 관련된 일련의 갈등과 사례들은 표면적으로는 교사와 학부모의 갈등인 것처럼 보이나 한편으로는 학교장을 중심으로 한 학교 시스템의 근본적인 문제를 지적하는 목소리와 엮인다. 이에 저자는 학교장 승진제와 학교 리더십에 초점을 맞춘다. 그는 학교 구성원 다수의 지지를 받는 교육 전문성을 가진 이들이 학교장으로서 권한을 갖고 책임을 다할 수 있는 제도가 만들어지지 않고서는 지금 현장이 마주하는 여러 문제들이 반복될 수 있음을 엄중하게 경고한다.

3부의 여섯 번째 글은 현직 교장의 입장으로 정성윤 선생님이 직접 학교장의 책무성에 관해 담백하게 적어내었다. 이 글은 앞선 글과 조응하면서 지금의 학교장이 무엇을 할 수 있는지에 대한 고민을 담았다. 저자는 교장의 책무 역시 학생을 교육하는 것에서 시작함을 상기시킨 뒤, 학교장이 자신의 역할과 위치를 명확하게 인식하며 자치권을 가지고 교사들의 자율성과 자기 결정권을 허용해주는 역할 중심 학교체계를 이행하자고 제안한다.

3부의 마지막 글은 실천교육교사모임의 고문인 한희정 선생님이 「공교육 멈춤을 넘어, 대전환을 꿈꾸다」라는 이름으로 서이초 사건 이후 공교육의 청사진을 그리는 내용으로 꾸렸다. 한희정 고문은 '한 존재의 삶에 주목하는 시스템'을 줄곧 주장해왔다. 그는 공정을 넘어 보편적 정의를 꿈꾸는 교육을 기대한다. 이에 더해 교육을 둘러싼 주체들인 학생, 교육행정, 학부모(보호자), 교원, 법과 제도라는 다섯 가지 측면에서 교사들이 꿈꾸고 모두가 꿈꿀 만한 교육 대전환의 로드맵을 제시한다.

    정리해보자. 1부가 문제를 제기하는 일련의 과정을 가감 없이 보였다면 2부는 그 문제를 파헤치는 과정을 그리고 있으며 3부는 문제를 해결하기 위한 방안을 모색하는 과정을 드러낸다. 굳이 과정이라는 표현을 사용한 이유는 각 챕터의 견해 중 어느 하나도 단순히 각 저자들의 다짐과 주장으로 완결될 수 없는 내용이기 때문이다. 우리는 이 글을 읽는 독자 여러분과 함께 비극을 딛고 대한민국 교육이 더 나은 미래로 나아갈 수 있도록 함께 힘을 모으고 싶다. 그 과정에서 대한민국의 모든 교사가 지치지 않고 용기를 얻어 뚜벅뚜벅 걸어가길 바란다.

광장을 마주한 채로 펜을 들며
한희창

차례

프롤로그 누군가는 기록해야 하고, 결국 나아가야 한다 ... 4

1부 교사, 광장에 서다

검은 점이 6개 교원단체를 부를 때까지 | 한희창 ... 18
우리는 9월 4일로 갑니다 | 김현선 ... 34
광장을 경험한 교사들에게 보내는 메시지 | 이설아 ... 45
광장에서 보내는 가정통신문 | 정성식 ... 56
교육 주체의 협력을 통해 교권과 학생인권 간 대립을 넘어 ... 62
교육 회복으로 | 김현규
그림으로 기록한 우리의 여름 | 정성수 ... 74

2부 교사, 교육을 진단하다

반창고의 크기로는 상처의 깊이를 알 수 없다 | 현운석 ... 82
유치원도 안전한 교육 공간이 되려면 | 이은주 ... 92
특수교사라서 미안합니다 | 박선례 ... 100
교육행정이 중심이 된 학교 | 천경호 ... 112

교권, 법을 알아야 지킨다	정성식	122
교육정책, 이제는 다양한 주체들의 학습이 필요하다	김승호	131
학생인권과 교권의 조화, 해외 사례에서 배우다	현운석	142

3부 교사, 교육 회복을 말하다

정치적 천민으로 74년, 시민이 될 수 없는 교사	한희정	154
이미 식은 감자인 '교원평가', 어찌할 것인가	신동하	167
교원단체, 언제까지? 어떻게?	천경호	178
학교폭력, 이제는 바꾸자	김승호	186
학교장의 자격과 제도를 바꾸어야 하는 이유	천경호	198
학교장의 책무성이 학교를 변화시킨다	정성윤	208
공교육 멈춤을 넘어, 대전환을 꿈꾸다	한희정	220

| 에필로그 그럼에도 학교에 희망이 있다 | 236 |
| 추천사 | 241 |

1부
교사, 광장에 서다

검은 점이
6개 교원단체를 부를 때까지

: 1차 집회와 2차 집회, 그리고 그 이후

한희창
부천 옥길버들초등학교 교사

1차 집회: '일단 모이죠. 답답해서 안 되겠습니다.'

초등교사 커뮤니티 인디스쿨에서 '군잡맨'이라는 닉네임의 한 선생님이 '일단 모이죠. 답답해서 안 되겠습니다.'라는 제목의 글을 올렸다. 그가 모집한 집행부들 주최로, 서이초 교사 추모집회가 7월 22일 오후 2시에서 4시까지 진행되었다. 이것이 건국 이래 가장 큰 단일직군 집회로 이어질 것이라고는 당시로서는 상상치 못했다. 하지만 사실 나는 이 역사적인 집회에 참여하고 싶지 않았다.

추모하는 마음은 함께하고 싶었지만, 집회에서 정치적 색깔을 뺀다는 것은 불가능하다고 생각했고 이 집회가 설사 정치적 중립을 표방하며 시작했을지라도 회가 거듭될수록 사람들이 모이며 생기는 커다란 힘이 정치적 색채를 띠게 될 것이라고 생각했기 때문이다. 그래서 나는 이 집회에서 나오는 색깔론이 모순적이라고 느꼈다. 실제로 내가 속한 여러 단톡방과 커뮤니티에서는 이러한 우려들이 이어졌고 자칫 언론의 조롱거리가 되거나 특정 노조나 단체에 반사이익을 줄 것이라는 예상들이 판을 쳤다.

이런 편협한 시각에서 나를 꺼내준 것은 집행부에 참여한 나의 친구와 이 사건에 누구보다도 안타까운 마음을 가지고 있던 나의 후배, 나를 가장 가까운 곳에서 지켜본 아내였다. 친구를 통해 집회가 초심을 지켜가며 기획되고 있다는 것을 느낄 수 있었고, 후배를 통해 진상규명을 위해서는 앉아서 진상을 기다릴 때가 아니라는 것을 깨달았다. 아내는 이 사건이 모두의 트라우마가 건드려진 사회적 현상임을 일깨웠다.

집회에 도착해 보니 분위기는 엄숙했고 오와 열은 군대만큼이나 철저했다. 솔직히 내가 참여했던 혹은 주도했던 그 어떤 시위보다도 깔끔했고 진중했다. 사람들은 쓰레기 하나 버리지 않았고 혹시라도 우리가 오해받을까 두려워 원래 있던 쓰레기까지 청소해 버리는 바람에 거리가 깨끗해졌다. 해산 시간이 가까워지고 비가 왔지만 안전상의 이유로 미리 일어나지 말라는 말에 거의 모든 이가, 떨어지는 빗방울과 관계없이 자리를 지켰다. 뭉쳤던 마음이 아쉬웠던 몇몇 선생님들은 계획되지 않은 행진이나 집회 장소의 즉각적인 변동을 요구하기도 했지만 4시 정각이 된 시점 흡사 플래시몹에 참여했던 사람들처럼 군중 속으로 빠르게 해산하게 되었다.

  이 진정성의 피날레는 집회주최자 '군잡맨' 선생님이 2차 집회를 하지 않기로 발표한 것이었다. 그는 2차 집회를 특정 단체에 떠넘기지 않겠다며 단호히 선언하였다. 이 집회를 통해 생긴 수천 명이 속한 오픈 카톡방은 일시에 폐쇄될 것이며 자신의 노고는 함께 연대하고 마음을 나누었다는 그 사실 자체에 있다고 알렸다. 펀딩을 예고하기는 했지만, 집회가 잘되지 않았으면 돌려받지 못할 돈이었다. 즉 자신의 사비를 털어 만든 집회였다. 그리고 아주 성공적인 집회였다. 사람들이 모였고 주최자를 호명했다. 그러나 그는 이 집회에 참여한 일원처럼 다시 우리 속으로 사라졌다.

  많은 선생님들이 어떻게 개인이 이런 집회를 준비할 동안 단체는 가만히 있었느냐고 질책했다. 특정 노조나 단체가 이 집회를 주도했다면 이런 결과를 만들지 못했을 것을 나는 안다. 그럼에도 책임과 반성을 느낀다. 내가 집회로 발걸음을 향하면서 지녔던 '이들도 결국 단체가 아니냐'는 의구심은 함께 행동하고 실천해야 할 때 먼저 발 벗고 선뜻 나서지 못했던 마음에서 나온 치기였다.

처음 이런 내용의 글을 써서 실천교육교사모임 홈페이지에 공유했을 때, 나는 익명으로 왔다가 익명으로 떠나고자 한 선생님을 다시 소환하는 일이 되지 않을까 우려했었다. 특히 이 글이 기사화가 되면서 마음의 짐이 생겼었다. 지금 글을 고치는 시점에서 군잡맨 선생님은 "전 점으로 돌아가지 않습니다."라는 제목의 글을 쓰며 적극적인 행보에 나섰고 이에 대한 교사들의 평가는 갈린다. 그러나 현시점의 그가 어떤 마음가짐이고 무엇을 생각하고 있든지 2023년 7월 말미의 그는 진심으로 순수하게 가슴 아팠던 한 사람의 청년이라고 생각한다.

그의 마음은 여러 사람의 마음에 경종을 울렸고 이 울림이 공명할 때, 무거운 마음에 한 줄기 희망이 되리라는 기대는 현실이 되었다. 나는 선생님의 초심을 기억하며 정치권의 논리에 휘말리지 않고 교사의 입장에서 교육의 관점에서 문제를 바라보고 공감하려 노력하겠다 다짐했다. 돌아가신 선생님의 손을 가장 먼저 달려가 잡아 드리지는 못했지만 가장 마지막까지 그 손을 놓지 않는 사람이 되겠다고 말했다. 10월의 초입에서 돌아본다. 나는 과연 그렇게 하고 있는가?

2차 집회: 전국교사모임, 새로운 집회 방식의 출현

두 번째 집회를 앞둔 상황에서도 처음 제기되었던 여러 의구심은 좀처럼 거두어지지 않았다. 집회 바깥에서는 여러 걱정 어린 시선과 훈수가 난무했다. 기우들을 자세히 살펴보면 크게 세 갈래였다.

첫 번째는 개인이 모집한 집회라는 점이었다. 개인을 내세운 집회는 반드시 실패하게 되어 있다는 것이 비판의 골자였다. 한국 사회에서 '개인'이라는 말은 욕처럼 쓰였다. 개인주의적인 것은 곧 이기주의적인 것이고 다른 사람은 생각할 줄 모르고 자기만 아는 조직 부적응자를 일컫는 의미로 쓰였다. '과연 이런 개인들이 모인다고 해서 지속 가능하고 단일한 목소리를 효과적인 방식으로 낼 수 있을까?'라는 의문부호는 사라지지 않았다.

두 번째는 경험이 부족한 집회라는 점이었다. 실제로 두 번의 집회 동안 이른바 20대 30대 교사들이 주축이 되었다고 알려졌다. 그러다 보니 이러한 대규모 모임을 진행한 경험이 전무하다는 것이다. 이는 첫 번째 비판 근거와 합쳐져 이른바 'MZ세대론'을 불러일으키기도 했다. 개인주의적이고 집회를 해본 적도 없는 MZ들이 과연 모두의 목소리를 대변할 수 있는가? 이는 '우리 단체가 맡아줄게.' '우리가 하면 더 잘할 텐데.' 등의 방식이나, 내부에서 '모모 단체와 협업합시다.' '이제 모모 단체와 같이 해야 할 때가 되지 않았나요?' 등의 방식으로 교묘하게 변형되었다.

세 번째는 탈정치화를 표방하는 집회라는 점이었다. 모든 주장과 모임은 결국 정치적 메시지를 내포하게 되는데, 왜 그런 구호로 집회를 주도하느냐는 것이었다. 정치와 멀어지겠다는 것은 필연적으로 거짓이며 거짓 구호로 사람들을 선동해서는 안 된다는 의견이 한 갈래, 그러한 표어는 오히려 행보를 제약하고 많은 사람을 끌어모으지 못할 것이라는 비판이 한 갈래를 이루었다.

자, 그럼 집회가 어떤 방식으로 이러한 의구심을 해결했는지 살펴볼 차례다. 첫 번째로, 개인을 내세운 집회는 오히려 평등한 집회의 모습을 보이며 의문을 해소했다. "의장님 올라가십니다!" "강원 회장님 오셨습니다. 대구 지부장님 오셨습니다. 전남 지회장님 오셨습니다." "와아아아!" 이런 장면은 찾아볼 수 없었다. 오히려 제주도에서 평교사들이 왔다는 이야기에 박수를 치고 진심으로 감사해했다.

2회차 집회를 주도한 닉네임 '수학귀신'이 누구인지는 집회를 처음부터 끝까지 본 사람도 알기 어려웠다. 사실상 개인을 내세운 집회라는 것은 다른 말로 하면 '초단체적' 집회를 표방하는 것이고, 이것이야말로 가장 큰 단체, 즉 검은 점들의 모임, 전국교사모임을 뜻하며 이 집회의 끝에서 누군가 콩고물을 받아 먹을 생각은 추호도 하지 말라는 엄중한 경고다.

두 번째로, 경험부족에 대한 이야기는 성공적인 집회의 모습, 그 자체로 충분히 증명했다. 1차에는 주최 측 추산 3,000~5,000명, 경찰 추산 1,000명, 2차에는 3만~4만 명이 모였고, 구호는 우렁찼다. 그 험하다는 네이버 댓글까지 돌아서고 있고, 뉴스의 헤드라인은 더 이상 '교사들이 뿔났다'와 같은 얼척 없는 수식으로 우리를 묘사하지 않는다.

2차 집회의 사회자는 젊은 여성 교사였다. 이는 무엇을 의미하는가. 우리는 목이 쉬어가고 갈라져가는 사회자의 목소리에서 돌아가신 선생님의 한과 울부짖음을 느꼈다. 기존의 문법대로 진행되었다면 이 선생님이 마이크를 쥐고 사회를 볼 수 있었을까?

20~30대로 보이는 스태프들은 형광 조끼를 입고 이리저리 뛰면서도 지친 기색 하나 없었다. 그들에게 그 정도의 자발성을 무엇으로 유도할 수 있는지 알고 있다면 알려주면 좋겠다. 꽉 찬 버스가 전국에서 수십 대 모였고 이 역시 개인이 자발적으로 시작해 소통한 결과다. 만약 기존의 문법에 무엇을 더하면 이런 중요한 역할을 이토록 훌륭하게 해낼 것이라 기대할 수 있을까? 돈? 감투? 전임?

심지어 유독 많이 들리는 이야기가 "나이가 지긋하신 분들과 함께해서 좋았다." "우리 학교는 교장선생님도 오셨어요." "세대를 초월한 집회였다."는 것이다. 이런 것이 어떻게 가능했나? 지난 집회의 운영진들이 많은 노하우를 전수했다는 후문이다. 그러니 경험도 없으면서 개인주의적이기만 하다는 'MZ 담론'은 본 집회에서 더 이상 적용하기 어려울 것으로 보인다.

세 번째로 탈정치에 대한 우려 불식이다. 앞에 언급했던 것처럼 탈정치 메시지는 탈정치(세력) 그 자체이며 계속해서 집회에서 탈정치가 강조되는 이유는 '간절함'이다. 그만큼 집회에 모인 사람들이 외치는 목소리가 단일하게 모이고 흩어지지 않기를 바라는 마음이다. 언제 사회가 교사들을 이렇게 바라봐준 적이 있는가? 교사들이 하는 목소리에 이렇게 마이크와 확성기를 가져다 댄 적이 있는가? 그러나 돌아가신 선생님의 죽음을 헛되게 하지 않겠다는 다짐은 카메라가 꺼지고 관료들이 자리를 메우면서 자연스럽게 무화될지 모른다.

모든 주장이 정치를 거쳐 법안으로 수렴되어야 하는 것은 모두가 알고 있다. 그러나 이 집회에서 말하는 탈정치는 기존 단체의 입김으로부터 자유로운 초단체적 목소리를 내기 위함이다. 또한 이번만큼은 패키지로 된 여러 이야기를 한꺼번에 하는 것보다 없으면 죽을 것 같은 간절한 몇 줄 이야기를 선명하게 전하는 것이 좋겠다는 전략적 판단이다. 즉 이 집회에서 말하는 탈정치란 '탈정치(세력)'였던 것이다. 그리고 이는 주효했다. 사회는 사안 이후 2주째 교사들의 입을 주목했고 이는 전례 없는 일이다.

선한 집회 패러다임도 이와 마찬가지다. "왜 굳이 경찰에게 커피차를 보내느냐. 오와 열이 맞는다는 게 자랑 같느냐. 쓰레기는 왜 줍느냐. 그런 식으로 착하니까 호구처럼 당했지. 데시벨을 지켜가며 해봐야 누가 알 것 같느냐. 행진이 있어야 집회지. 북이랑 꽹과리도 가져와라. 선생님의 집회는 뭐가 다르긴 다르다고? 왜 그런 식으로 스스로를 옭아매냐."라는 지적들도 있었다. 그러나 '경찰에게 잘하고, 오와 열을 맞추고, 쓰레기를 줍고, 착하게, 데시벨 지켜가며, 자리에 앉아서, 이동하는 동안에도 매너를 지켜가며, 오롯이 우리의 목소리만으로' 집회가 진행되길 바라는 것은 우리의 목소리가 단 한 순간이라도 왜곡되지 않았으면 하는 간절함이자 극도로 예리한 저항 방식이었다.

나그네의 외투를 벗긴 것이 바람이 아니라 햇빛인 것을 기억하라. 우리에게는 우리만의 무기가 있고 그 모습은 감사하게도 햇빛을 닮았다. 우리는 우리의 무기를 사용해도 된다. 우리는 우리의 무기를 사용해야 한다.

결과를 아는 상태로 다시 한번 돌아본다. "인디스쿨에 모인 사람들은 실상 자기밖에 모른다. 협력해 본 경험이 없다. 그러니 개인으로 집회를 준비한다. 이런 집회는 필연적으로 실패한다." "지금 세대들은 집회를 준비한 경험이 없다. 그러니 어른들이 가서 도와야 한다." "분명 실수하게 되어 있다. 지금 지나치게 타오르고 있다. 경거망동할 때가 아니다." "우왕좌왕하다가 '엄마 나 백수 됐어!' 같은 이상한 표어로 망할 것이다." "릴레이로 개인이 총대 메는 걸 언제까지 할 수 있을 것 같으냐." "정치적 중립이라는 단어는 문제가 있다. 본인들이 무슨 말을 하는지도 모르고 있다." 등등.

돌아보면 마치 실패를 기다리는 것 같은 언사들에는, 이 도도한 흐름 속 중심에 속하지 못해 억울함이 담긴 것은 아니었을까 편협한 생각도 들지만, 그렇게까지 생각하고 싶지는 않다. 기실 가장 그럴듯한 답은 '몰랐으니까'다. 이렇게 많은 사람이 모일 줄 몰랐으니까. 이렇게 깔끔할 줄 몰랐으니까. 이렇게 선명한 구호를 외칠 줄 몰랐으니까. 한 단체에 의존하지 않고 해낼 줄 몰랐으니까.

한편으로 그들이 걱정했던 것은 자신들이 속한 단체나 기존 문법이 설 자리가 없어질까 두려웠던 것이다. 지금처럼 개인이 대표가 되어, 큰 경험을 지니지 못한 이들이, 탈정치화를 표방하며 집회를 잘 진행해나가면 단체는, 경험을 지닌 사람들은, 정치를 전면에 내세운 주장을 해왔던 기존 활동가들은 설 자리를 잃는다. 즉, 기존 문법으로 대변되는 내가 사라질까 봐 두려웠던 것이다.

집회가 요구한 내용이라고는 세 가지 구호와 두 가지 바람이 전부였다.

아동학대처벌법 개정하라
교사의 교육권 보장하라
정상적인 교육환경 조성하라

우리는 가르치고 싶다
학생들은 배우고 싶다

2차 집회가 끝나는 시점, 나는 이제 개인이 집회를 주도한다는 사실에, 경험이 부족한 사람이 집회를 주도한다는 사실에 의구심을 거두라고 주문했다. 탈정치화에 대한 과도한 우려도 거두라, 그럴 힘이 있으면 집회에 나오고 집회를 돕길 바란다고도 적었다. 이 집회는 개인의 주도로 시작되었고 또 개인으로 흩어지며 끝나야 마땅하다고 보았다. 마치 한 떨기 플래시몹처럼. 그 시간 그 장소에 있었음을 먼 훗날 기억할 수 있다면, 돌아가신 분을 진정 어린 마음으로 추모했다면 그것으로 족하다고 말이다. 하지만 한편으로는 정치의 시간을 예견했다. 단체들은 나서기 싫어도 나서야 하는 상황이 온다고 말이다. 다만 지금처럼 뒤에서는 게걸스럽게 쩝쩝대고 집회를 노리고 삼키고 흡수하는 전략들을 세우면서 앞에서는 점잔 빼며 '책임지는 방식이 필요하지 않겠느냐?' '우리가 도와줄게' 이런 형태로는 이루어지지 않는다는 말도 덧붙였다. 눈과 귀가 있으면 집회에서 무엇을 원하는지 명확히 알 수 있으니 그것을 따르라고. 1차 집회가 시작을 연 집회로서 의미를 지닌다면 2차 집회는 이후 집회의 노선을 굳히고 교사 집회의 새로운 포맷을 궤도에 올린 모습이었다. 9월 2일 이전의 3~6차 집회는 각각의 뚜렷한 의의가 있었으나 운영의 관점에서만큼은 2차 집회의 형식을 충실히 따랐다. 그리고 이것은 교사 집회의 패러다임을 바꾼 역사적 사건이었다.

3차 집회와 4차 집회: 6개 교원단체 호출과 교원단체들의 부응

3차 집회에 이르러서는 기존 단체인이라 부를 만한 인사들이 대거 집회에 참여하기 시작했다. 물론 그들이 얼음물이나 명함을 돌리는 일도 현저히 줄었다. 집회를 따로 열겠다느니, 배후 세력이 있다느니 하는 말들은 종적을 찾아보기 어려웠다. 그도 그럴 것이 2차 집회에는 1차와는 차원이 다른 숫자, 만 단위의 검은 점들이 모였기 때문이다. 이것은 문자 그대로 민의였다.

한편 집회를 운영하는 사람들과 집회를 지지하는 사람들의 목소리도 바뀌고 정선되기 시작했다. 집회와 정책을 분리하여 정책 TF팀을 추진하는 투 트랙 전략이 대표적인 예시다. 내가 2차 집회 이후 '정치의 시간'을 예견한 것은 어찌보면 적중했고 달리 보면 독창적인 시각은 아니었던 셈이다. 또 하나 달라진 것은 교원단체를 불러냈다는 점이다. 3차 집회의 사회자 닉네임 '안제'는 직접 6개 교원단체를 언급하며 정책이 반영되는 과정에서의 도움을 요청했다. 이것은 어찌 보면 탈정치(세력)를 강조했던 기존의 기조와는 배치되는 것으로 보일 수 있었다.

하지만 이를 집회 측이 교원단체 및 노조의 개입을 허용했다고 보는 것은 명백한 오독이다. 그들은 집회를 통한 교사들의 일반 의지를 교육부, 교육청, 의회에 전할 주요한 전달 통로 중 하나로 기존 단체들을 채택한 것일 뿐이었다. 이른바 6개 교원단체들은 집회의 호출을 받은 책임을 다하기 위해 협의체를 만들고 공동 대응을 위한 노력을 시작했다.

이들이 특별히 호명된 이유로 추정될 만한 것은 첫째, 최초의 교육부-'범'교원단체 간담회에 참여했던 단체라는 정통성, 둘째, 전국 단위의 조직과 지방 단위의 조직을 모두 갖춘 조직 체계, 셋째, 집회 전반과 교육계에 대안을 내놓을 수 있는 역량과 전문성 등이었다. 이제 여기에 넷째, 교사들의 호명이라는 중요한 명분이 더해져 운신의 폭이 설정되었다.

이들은 분주하게 움직였다. 단체별 대책안을 발표하고 개선했으며 필요할 때는 경쟁하기도 했다. 따로 또 같이 정치권과 접촉을 시도했다. 하지만 이러한 노력이 직접적인 입법으로 이어지기에는 활주로가 너무 짧았다. 오히려 가시적인 성과는 4차 집회의 무대에서 일어났다.

4차 집회의 운영진은 3차 집회의 의지를 이어받아 6개 교원단체를 무대 위에 올렸다. 이때 발표된 실천교육교사모임의 연설문은 집회와 교원단체의 관계를 잘 드러낸다. 연설은 '군잡맨, 수학귀신, 네시사십분, 안제, 군밤장슈' 등 그간 애써주신 선생님들의 닉네임을 부르며 시작했다. 이는 집회의 문법에 대해 단체가 보일 수 있는, 마땅하지만 최대한의 존중을 함축한다. 버스 대절과 TF팀을 언급하고, 땡볕과 빗속 그리고 아스팔트 바닥을 이야기하는 회장의 목소리 안에 앞으로 교원단체들이 나아갈 길을 담았던 것이다. 교사 일반의 뜻을 받들어 교사들이 진정으로 원하는 바를 정확하게 인지하고 이를 가장 효과적이고 근본적으로 해결할 수 있는 방법을 찾는 한편 모든 단체가 흩어지지 않고 힘을 모아 함께 노력해 나가는 것, 그리고 이것을 통해 평가받는 것이 교원단체가 해나가야 할 길이라고 천명한 것이다.

이러한 의지는 5차 집회와 6차 집회에서의 명연설과 버무러져 7차 집회와 공교육 멈춤의 날이라는 빅뱅으로 이어졌다.

한편 이때 무수한 교사들 앞에서 공인받은 교원단체로서의 책임감은 날이 쌀쌀해지고 서늘해지는 지금까지도 이어져 정책을 연구하고 이를 반영하는 과정에 끝까지 최선을 다하려는 노력으로 실현되고 있다. 비록 더디고 지난한 과정임에도 불구하고 말이다. 정치의 시간은 마치 영화 〈인터스텔라〉에 등장하는 외딴 행성의 시간처럼 왜곡되어 흐른다. 언젠가는 너무나도 느렸고 때로는 너무 빨라서 생경하다. 마주하는 당황스러움과 두려움 또 나약함 속에서 그때의 다짐을 상기한다.

10월 28일의 집회를 며칠 앞둔 시점에서 돌아보았다. 머리로는 아직 바뀐 것이 없다고 생각하고 입으로는 여전한 분노를 외치지만 가슴으로는 조금은 마음을 풀지 않았는가. 조금은 무뎌진 가슴의 칼을 벼리며 돌아가신 선생님들에 대한 진정한 추모가 무엇인지 다시 한번 떠올린다. 가장 빨리 달려오지 못했어도 가장 마지막까지 지키겠다던 그 약속을 나는 얼마나 어디까지 지켜내고 있는가.

11월, 특이점이 없어 수사를 종결한다는 내용으로 서이초 선생님의 심리부검 결과가 발표되었다. "예쁜 선생에겐 민원이 없다."라고 한 어느 교장의 망언이 드러난 이후의 일이다. 교사들이 또 나아가 이 사회가 서이초의 한을 겨울에 묻지 말아야 할 이유다. 우리의 싸움은 계속된다. 국회가 마무리될 때까지? 아니다. 총선 공약이 정해지는 겨울까지? 아니다. 총선이 끝나고 새 국회의원들이 자리 잡을 때까지? 그것도 아니다. 우리의 기한은 될 때까지. 될 때까지다. 비록 광장을 메우는 방식이 아닐지라도 말이다. 그러니 우리 꾸준한 용기를 내자. 오래도록 추모하고 오래도록 힘을 내자.

우리는
9월 4일로 갑니다

김현선
함평 대동향교초등학교 교사

2023년 7월 19일. 인디스쿨, 모이다

교사들에게는 크게 다를 것 없는 하루, 한 학기의 마무리를 앞둬 후련할 수 있었던 7월 19일 여름밤. 서울 서초구의 한 초등학교에서 신규교사가 극단적인 선택을 했다는 내용이 알려지며 인디스쿨이 술렁거리기 시작했다. 믿기지 않는 상황에 사람들은 인디스쿨을 떠나지 못했다. 그리고 하나둘, 그 밤중에 서이초를 찾는 행렬이 시작됐다. 선생님의 죽음에 대한 정확한 이유는 알려지지 않았지만, 선생님이 돌아가신 장소가 학교라는 점이 많은 것을 이야기해주고 있었다.

일선 교사들과 노조에서는 서이초에 헌화를 위한 국화꽃과

포스트잇을 마련했으며, 근조 화환 수십 개가 줄을 지어 배달되기 시작했다. 닉네임 '드리머수'는 "내일 서이초 방문해서 추모하려고 합니다. 선생님들, 우리 함께해요."라는 글을 광장 게시판에 게재함과 동시에 추모를 위한 오픈톡을 개설했다. 이 오픈톡은 수용 인원인 1,500명을 넘어가 버리는 바람에 2번 방, 3번 방도 연달아 개설이 됐다. 약 4,000명을 넘어가는 인원들이 추모의 마음으로 하나둘씩 모이기 시작했다.

초등교사 커뮤니티, '인디스쿨'은 어떤 곳인가요?

인디스쿨은 2000년 말 처음 시작된 초등교사 커뮤니티로 영어 'independent(독립)'와 'school(학교)'의 합성어. 주로 초등교육 자료를 공유하기 위해 많이 활용되는 곳이지만 현장의 초등교원들이 목소리를 내는 하나의 광장 역할에도 크게 기여하고 있다. 2022년 기준 회원수는 149,071명이며 현직 초등교원 5명 중 4명(약 75%)이 가입한 것으로 추산된다.

그런 인디스쿨이 개설 23년만에 역사의 소용돌이 한가운데에 섰다. 9월 4일 공교육 멈춤의 날은 물론 11차에 이르는 집회(~2023.10.) 중 8번째 집회를 제외한 모든 집회가 인디스쿨에서 태동했다. 버스 대절을 포함해 매 집회에 필요한 예산도 인디스쿨 모금을 통해 충당해 왔으며 그 규모가 10억 원 이상일 것으로 추정된다.

2023년 7월 20일. 인디스쿨, 움직이다

7월 20일 아침. 서이초에서 올린 가정통신문이 구설수에 올랐다. 해당 가통에는 다음과 같은 내용이 게재돼 있었다.

> 첫째, 2023년 3월 1일 이후 고인 담당 학급의 담임 교체 사실은 없다.
> 둘째, 고인의 담당은 나이스 권한 관리 업무였으며 이 또한 본인이 희망한 것이었다.
> 셋째, 고인의 담임 학년은 본인의 희망대로 배정된 것이다.
> 넷째, 해당 학급에서는 올해 학교폭력 신고 사안이 없었다.
> 다섯째, SNS에서 거론되고 있는 정치인의 가족은 이 학급에 없다.

인디스쿨의 교사들은 공분했다. '블라인드'에 올라온 동료 교사의 증언에 따르면 1학년은 선생님의 4지망 선택지였기 때문에 '본인의 희망대로'라고 말하기 힘들다는 점. 4세대 나이스는 2023년 갓 도입되며 여러 오류가 많아 경력직 선생님도 힘들어했다는 점. 게다가 그런 업무를 47학급이라는 큰 학교급에서 이제 갓 발령된, 그것도 생활지도 및 학부모 상담의 특수성이 있는 1학년 담임 신규 교사에게 맡겼다는 것. 끝으로 '해당 학급에서는 올해 학교폭력 신고 사안이 없었다.'라는 문구가 학교 측에서 학부모 악성 민원 가능성을 일축시키려는 의도로 읽혔다는 점이 논란에 불을 부었다.

또한 당일 오전께, 한 언론사에서 '[단독] 서초구 초등교사 일기장 내용 입수 … 2월에도 극단 선택 시도 정황'이라는 기사를 올렸다. 해당 기사에는 선생님이 업무 스트레스와 연인 관계가 원인이 되어 우울증을 앓았으며, 특정 악성 민원에 시달려 극단적 선택을 한 정황은 발견되지 않는다고 전했다. 서이초에서도, 해당 기사문에서도, 경찰에서도 선생님의 죽음을 '개인사'로 몰고 가려 한다고 인디 교사들은 입을 모았다.

이날 오전부터 줄지은 화환을 따라 선생님들이 모여들기 시작했다. 언론사도 함께였다. 오후 3시가 되자 서이초는 발 디딜 틈 없이 검은 옷을 입은 사람들로 빽빽했다. 사람들은 교문 앞 인도에 100m 이상 길게 줄을 서 기다렸다가 고인을 애도하는 추모 편지를 남기고 헌화했다. 하지만 오후 3시 20분경부터 충돌이 시작됐다. 교내 진입을 막아달라는 학교 측의 신고에 경찰이 정문을 막아섰기 때문이다.

약 3시간 가까이 이어진 대치 끝에 문이 열리고, 조촐한 헌화대가 비치되기 시작했다. 밤늦도록 기나긴 행렬이 이어졌다. 그리고 이날, 인디광장에는 교육 역사의 한 획을 그을 굳잡맨의 "일단 모이죠. 답답해서 안 되겠습니다."라는 역사적 선언이 올라왔다. 검은 점들이 만들어낸 교육 혁명의 시작이었다.

7월 20일 오전 9시 서이초등학교 앞.

7월 20일 오후 3시 서이초등학교 앞.

9월 4일 '공교육 멈춤의 날', 발걸음을 떼다

49재란 어떤 날인가. 불교에서 이날은 죽은 사람이 마지막 심판을 받은 후 좋은 곳에 환생하길 바라며 재를 지내는 날이다. 2023년 9월 4일은 서이초 선생님의 49재가 예정돼 있었다.

7월 21일. 인디스쿨에 한 교사가 올린 글이 많은 호응을 얻었다. 고인의 49재인 9월 4일의 방향성에 대한 고민과 제안의 글이었다. 몇천 명에 가까운 사람들이 '좋아요'를 누르며 동조했다. 그 뒤로 잇따른 연대의 글들이 올라오며 '멈춤'은 실체를 갖춰나가기 시작했다. 대한민국 건국 이래 볼 수 없었던, '공교육 멈춤의 날'이란 전대미문의 움직임이 바퀴를 달고 굴러가기 시작한 것이다.

그리고 여기에 교사 A와 B가 멈춤 참여자 실시간 현황 웹을 개발해 배포하며 멈춤의 외연이 크게 확장되기 시작했다. 우리 학교에는, 우리 지역에는 누가 멈춤에 참여하는지 실시간으로 확인하는 것이 인디스쿨 내에서 유행처럼 번졌다. 머지않아 인디스쿨 밖 사람들에게까지 그 여파가 퍼지기 시작했다. 이 수는 급기야 8만 명까지 치솟았다.

이와 동시에 집회도 빅스텝으로 움직이기 시작했다. 3차 집회가 있었던 8월 5일, 인디스쿨 '보헤미안교사'가 9월 2일 토요일 49재 추모집회를 예고하는 글을 올렸다. 장소는 국회의사당 앞이었다. 49재는 9월 4일 월요일이었지만 매주 토요일 집회를 하던 통상례를 따른 일정이었다. 일주일 동안 빠듯하게 집행부 모집, 추진, 홍보까지 해야 했던 기존 집회들과 다르게, 한 달이라는 넉넉한 시간이 주어져 있었다. 게다가 9월 2일은 2학기 시작 목전이었기 때문에, 꼭 참여하리라 결의하는 사람들이 많았다.

그런데 사흘 뒤인 8월 9일, 인디스쿨 '오늘안녕'이 9월 4일 국회 앞 49재 집회 신고를 했다. 이유는 연이은 집회에도 언론의 관심이 줄어드니 9월 4일 평일에 멈춤을 하고 이어서 집회를 만드는 것이 국회를 움직일 수 있기 때문이라는 설명이었다. 본인은 징계를 각오했으며, 함께 징계를 각오한 최소한의 인원만 집행부로 모집하겠노라고 선언했다.

이때까지만 해도 정부는 멈춤을 관망하는 수준에 머물렀다. 많은 사람들이 '내 병연가 내가 쓰는데 징계까지 하겠어?'라며 서로를 안심시키고 있었다. 또한, 많은 학교에서 이날 병연가 예정 교사 수를 가늠하며 재량휴업일을 검토하고 있는 상황이었다.

멈춤 참가자가 늘어날수록 재량휴업일 참가 학교가 늘어나는 것은 필연에 가까운 일이었다. 교사가 없는 학교에 학생들을 부르는 것보다, 차라리 수업일을 하루 늘리더라도 재량휴업을 하는 것이 합법적으로나 안정상으로나 더 낫다는 판단이 점점 늘어갔다.

이런 와중에 교육감들이 속속 9월 4일에 대한 입장 정리를 하기 시작했다. 8월 23일, 임태희 경기 교육감이 '교사는 학교에 있어야 한다'며 엄벌을 시사했다. 8월 24일, 세종, 서울이 '공교육 멈춤의 날'에 대한 지지 의사를 천명했다. 뒤이어 경남, 광주, 울산도 이 대열에 함께했다. 교육감들의 이러한 일련의 대열에 인디스쿨 사람들은 교육감의 태도와 이름을 묶어 '일등○○' '지지○○' '돌변○○' '노답○○' '협박○○' '회피○○' 등으로 풍자하기도 했다.

논란이 커지면서 교사들 사이에서도 불안감이 감돌았다. 교사 집단의 대대적 멈춤이라는 초유의 사태인 만큼 아무도 당일 어떤 일이 벌어질지, 그 이후의 미래에 어떤 일이 벌어질지 예측할 수 없었다. 그리고 그 예측 불가함은 개개인과 집단의 불안감이 되었다. 급기야 '연병가 신청 후 집회에 참석'하는 것을 연일 경고하는 교육부발 보도에 의해, 9월 4일 국회 집회가 인디스쿨 내부에서 한 번 엎어지기도 했다.

'검은 점'들, 9월 4일로 가다

8월 27일을 기점으로 상황은 급변하기 시작했다. 9월 4일 집회를 주최하기로 한 '오늘안녕' 측이 여러 어려움으로 집회 포기 선언을 한 것이다. 또한, 같은 날 교육부가 보도자료를 통해 "집단연가·병가는 실질적으로 정상적 학사운영을 저해한 '우회파업'에 해당해 국가공무원법상 집단행위 금지 의무 위반으로, 징계대상"이라고 발표했다. 이러한 내용은 공문으로도 발송됐다. 당초 집회만 참여하지 않는다면 징계 위험이 사라지리라 믿었던 사람들이 크게 동요하기 시작했다. 지지 선언을 했던 교육감들도 공문으로는 교육부의 언어를 쓰고 있는 곳이 늘어나며 교사 집단 내부의 동요가 시작됐다.

그러나 교육부의 협박에 대한 반사작용으로, 기존에 '교사는 학교에 있어야 한다'며 보수적인 태도를 고수하던 경력직 교사들이 움직이기 시작했다. 이들은 '교육부가 과하다, 괘씸하다, 후배 교사의 설득에 마음이 움직였다'며 입을 모았다. 여러 수난에도 교육계에 헌신한 중진들이었으니 교육부의 억압에 오히려 반발감이 생겼으리라 본다. 다행히, 한 번 엎어진 9월 4일 국회 앞 집회도 다른 집행부가 그 바통을 이어받아 그대로 진행하기로 했다.

여기에 공교육 정상화를 염원하며 교사들을 지지하는 학부모들이 움직이기 시작했다. 대표적으로 세종시의 해밀초등학교는 9월 4일 재량휴업일 지정을 놓고 86%의 학부모가 지지의 뜻을 밝혔고, 학부모회 차원에서 당일 돌봄 프로그램을 운영하기도

했다. 또한, 대한불교조계종, 원불교, 천주교, 기독교 등 4대 종교 관련 단체들은 '눈물을 칼로 베지 마라'며 교사들의 평화행동을 탄압하는 교육부를 향해 규탄 성명서를 발표했다.

9월 4일을 이틀 앞둔 9월 2일 국회의사당 앞, 집회 측 추산 20만 명이 이곳을 가득 채웠다. 전국 교사 규모가 약 50만 명인 것을 감안하면, 반 정도가 군집한 것이다. 이는 대한민국 역사상 단일 직업군 집회의 최대 규모로 기록되었다. 이날의 성공적인 집회로 교사 집단의 9월 4일에 대한 자신감과 단결은 극적으로 향상됐다.

'공교육 멈춤의 날' 당일, 누군가는 멈춤으로, 누군가는 집회로, 누군가는 그 모두로 제각각의 목소리를 내는 방향으로 나아갔다. 멈춤 웹 기준 약 4만 명 이상이 이날 멈춤에 참여한 것으로 보이며, 이것은 30학급 규모의 중규모 학교 약 1,300여 곳이 공교육 멈춤의 시간을 가졌다는 유의미한 통계로 보인다. 여기에 등록되지 않은 기록들을 포함하면 5만을 웃도는 교원들이 멈춤에 참여했으리라 추측해볼 수 있다.

또한, 전국에서 서이초 선생님의 49재를 추모하며 국회 앞으로 5만 명, 그 외 지역으로 2만 5,000명, 총 약 7만 5,000명이 운집했다. 이날 국회 앞에는 서이초 교사 유가족, 4대 종교단체 대표들, 대한정신과의사협회 소속 의사들, BBC를 비롯한 외신, 여야 국회의원 약 17명, 「꿈꾸지 않으면」의 작사가 등 다양한 사람들이 모여 추모에 동참했다. 9월 4일의 성공적인 마무리는 이날 늦은 밤 "추모하신 교사들에 대한 징계는 없을 것"이라는 이주호 교육부 장관의 선언으로 이어졌다. 공교육 정상화에 간절한 교사들, 함께 하는 사람들의 마음이 교육부라는 골리앗의 주먹을 이겨낸 역사적인 순간이었다.

공교육 멈춤의 날은 하나의 독립 운동과도 같았다. 1919년 아우내장터에서 울려 퍼진 3.1 운동의 함성이 일제의 폭거에 대항한 조선인들의 독립 운동이었다면, 2023년 전국에서 울려 퍼진 9.4 공교육 멈춤의 날은 공교육 붕괴를 조장하는 체제에 대항한 교사들의 교육 독립 운동이었다. 이 간절한 외침이, 먼 훗날 진정한 교육 독립의 미래에 가닿길 간절히 바란다.

광장을 경험한 교사들에게 보내는 메시지

이설아
서울 언남고등학교 교사

위협도 경고도 아닌 우리의 집회

2023년 8월 19일, 초등, 중등학교 교사인 지인들과 함께 여의도에서 열린 5차 집회에 참석했다. 학교급이 서로 다른 지인들과 이야기를 할 때면 이전까지는 가끔 먼 나라 이웃 나라 이야기를 듣는 기분이 들곤 했었다. 예를 들어 초등학교 교사가 오늘은 아이들과 리코더를 불었다거나 수학 익힘책을 풀었다는 이야기를 하면 중고등학교 교사들은 기말고사 출제, 생활기록부 작성에 대한 이야기를 하는 식이다. 그러나 최근 불거진 문제들로 인해 우리는 그 어느 때보다 절실하게 깨닫고 있다. 우리가 같은 땅 위에 서 있다는 사실을 말이다.

우리는 까만 옷을 입고, 똑같은 마음으로 그늘 한 점 없는 뙤약볕 아래 모였다. 날씨도 마음도 들끓었지만 이전까지의 집회가 그랬던 것처럼 안전하고 질서 있는 모습이었다. 인터넷 커뮤니티와 뉴스 기사에 오와 열을 맞춰 앉은 교사들의 모습이 담긴 집회 사진이 올라왔다. 바둑판 대열, 칼과 같은 각을 연출한 진풍경을 두고 집회에 출동한 경찰들이 감탄과 극찬을 아끼지 않았다는 뉴스가 걸렸다. 맘카페에선 '모범생으로 반듯하게 살아온 사람들답다' '이런 인재들을 빼앗길 수 없다' '수능 등급 꼴찌에게 내 아이를 맡기고 싶지 않다'는 반응이 줄줄이 댓글로 달렸다. 분명 자랑스럽고 뿌듯해야 할 텐데 마음 한구석이 어쩐지 불편하고 찝찝한 건 왜일까.

서이초등학교 교사의 49재 추모일에 맞춰 해당 일을 공교육 멈춤의 날로 정하고 학교가 아닌 거리로 나서자는 교사들의 움직임을 두고 세간의 관심이 몰렸다. 동료 교사들과 소통하는 대화방에서 우리는 우스갯소리로 집회 이후에 쏟아질 기사 제목을 추측해 보기도 했다.

'거리로 나온 교사, 그런데 아이들은 어쩌고?'
'내동댕이쳐진 아이들, 교사들은 집회 삼매경'
'학교엔 아이들만이 … 우리 선생님 어딨어요?'

멈춤의 날에 어떻게 행동하면 좋을지에 대한 열띤 토론도 오갔다. 연가, 병가를 쓰고 집회에 참석하는 방법을 두고 '그게 가능한 구조였으면 애초에 교사가 희생당하지도 않았겠지…'라는 자조 섞인 이야기들도 나왔다. 관리자나 동료 교사들과 겪는 갈등, 더 나아가서 우리가 받을 수도 있는 징계까지 생각해 봐야 했다. 9월 2일 토요일로 예정된 정기 집회도 있는데 바로 이틀 뒤인 월요일에 집회가 열리는 것에 대해 비관적인 시선을 드러내는 의견도 조심스럽게 올라왔고, 이것이 모두 지난 현 시점에서 복기하자면 이 집회는 몇 번이나 엎어졌다 다시 세워졌다. 그때 집회가 취소되었던 이유는 '화력이 분산될 테고 교사들 사이의 분열을 초래할 것, 무엇보다 대중의 지지를 잃을지도 모른다는 것'이었다.

미국의 정치철학자 존 롤스 John Rawls는 시민 불복종을 법이나 정부 정책에 변혁을 가져올 목적으로 행해지는, 공공적이고 비폭력적이며 양심적이긴 하지만 법에 반하는 정치적 행위라 정의한다. 물론 시민 불복종이 항의의 대상이 되는 바로 그 법을 위반하라는 요구를 하는 건 아니다. 예를 들어 아동학대처벌법 개정을 요구하기 위해 아동을 학대할 필요는 없다. 그러나 우리는 문제를 공론화하고 교사의 처지를 알리기 위한 방법으로 복무 규정을 어길 수도 있을 것이다.

모범적인 교사들은 생각할 게 많다. 관리자가 허락해줄지, 학교에 남은 동료 교사들에게 폐가 되지는 않을지, 무엇보다 학부모나 대중이 착한 아이 같던 교사의 일탈을 허락해줄지…. 고려해야 할 사안들, 의식해야 할 시선들만 한가득이다. 그러다 보면 교사로서 고군분투하는 자신의 처지는 뒷전으로 밀려나고 만다. 처절한 마음을 깊게 들여다보고 함께 나눌 겨를마저 놓쳐버리고 마는 것이다.

어느 학교에서는 재량휴업일 지정을 두고 학부모 의견을 수렴하고, 학교운영위원회를 개최할 예정이라고 했다. 꼭 참석하고 싶은 교사는 인원수를 조정해 보결에 지장 없게 하라는 지시도 있었다고 했다. 9월 4일이 다가오자 교육부는 공교육 멈춤의 날에 연가 또는 병가를 쓰고 집회에 참여한 교사를 징계하겠다고 으름장을 놓았다. 교권은 붕괴하고 있는데 학교는 정상적으로 돌아가야 하는 아이러니, 저항을 위해 관리자와 학부모, 정부의 승인을 얻어야 하는 아이러니에 숨이 턱 막힌다.

시민 불복종은 교사 개인이나 교사 집단의 이익에만 기초해서는 안 된다. 모든 시민이 공유하고 있는 정의감에 기대야 하기에 우리의 행위가 대중들에게 위반이나 침해로 해석될 여지는 없는지, 공통된 정의감에 의거한 합당한 요구인지 숙고해보아야 한다. 그런데 지나친 자기 검열은 스스로의 손과 발을 묶어버리기도 한다.

물론 시민 불복종이 경고일 수는 있어도 그 자체가 위협이어서는 안 된다. 시민 불복종이 전투적인 행위나 파괴와 분명히 구분되는 것이 바로 이 지점이다. 지금까지 교사들의 행동이 위협이었던 적은 없다. 그러나 경고였던 적이 있었는가? 대중의 정의감에 호소하는 것에는 성공했을지 모르지만 변화를 일으킬 수 있을 만큼 효과적이었는가? 교사가 한없이 약하다는 것만 보여주고 있는 게 아니냐며, 성공하지 못한다면 더 끔찍한 지옥이 펼쳐질 거라며 비관적인 입장을 드러내는 사람도 있다.

착한 아이처럼

5차 집회에 함께 참석했던 지인이 말을 꺼냈다. '진짜 순하고 착한 애였는데….' 그때 우린 질서에 맞춰 집회장을 빠져나가는 길이었다. 학부모 민원에 시달리다 스스로 목숨을 끊은 사실이 뒤늦게 알려진 의정부 초등교사에 대한 이야기였다. 막역한 사이는 아니었지만 교대에서 함께 어울렸다던 착한 후배를 떠올리며 그가 얼마나 섬세하고 배려 깊은 사람이었는지 한참 동안 이야기를 이어나갔다.

'왜 좋은 사람들은 빨리 사라지는 걸까.'

나는 침묵할 수밖에 없었다. 까만 옷을 갖춰 입고 부끄러움 없이, 그저 곧고 바르게 행동하는 동료 교사들 수만 명 가운데 점처럼 서 있던 나 자신이 한없이 무력하게 느껴졌다. 나는 그 순간 선한 게 결국 이기기를 간절히 바랐다. 그런데 이게 우리를 지켜줄 수 있을까? 나는 대답하지 못한다.

교육공무원법 제66조 제1항은 "공무원은 노동운동이나 그 밖에 공무 외의 일을 위한 집단행위를 하여서는 아니 된다."라고 규정한다. 1949년 제정된 국가공무원법은 정치운동과 집단적 행동의 금지를 규정했으며, 1961년 노동운동 금지 조항을 추가하여 개정된 것이 지금까지 이어지고 있다. 그러나 '노동운동' '공무 외의 일' '집단행위'의 범위가 어디서부터 어디까지인지를 두고 논란이 끊이지 않고 있다. 해당 조항을 두고 헌법 소원이 제기된 적도 있다.

나는 학생들에게 부당한 제도나 현실에 굴복하고 순응하기보다 끊임없이 문제를 제기하고 저항하라고, 세상을 더 나은 곳으로 변화시키는 사람이 되라고 강조한다. 학생들에게 가르치기 이전에 나 스스로가 그렇게 살고 있는지 생각해보면 부끄러워진다. 불만만 품고 불평만 할 줄 알았지 건설적인 대안을 생각해보거나 실천으로 옮긴 적은 없기 때문이다.

북미, 유럽 국가에서 교사들이 파업에 돌입했다는 기사를 볼 때마다 우린 왜 저렇게 할 수 없을까 생각한다. 그중에는 우리나라처럼 파업이 금지된 국가도 많다. 지난 2월엔 영국에서 교사와 공무원 최대 50만 명이 임금 인상을 요구하며 파업을 벌였고 학교 85%가 문을 닫았다고 한다. 대한민국 교사들은 매년 물가 인상률에 못 미치는 연봉 인상으로 사실상 삭감이 아니냐는 불만을 품으면서도 집회를 벌이지는 않았다. 지금 우리가 거리로 나선 이유는 교사의 생존을 위협하는 제도를 더 이상 견뎌낼 수 없기 때문이다. 우리는 지금 그 어느 때보다 절실한 마음으로 거리 위에 서 있다.

최근 들어 교직생활에 환멸을 느껴 휴직을 하거나 의원면직을 한 선생님들을 자주 목격한다. 무너지는 교권, 개선되지 않는 처우, 절이 싫으면 중이 떠나야 하지 않겠냐는 거다. 학생, 학부모와 겪는 갈등을 견디다 못해 휴직을 택한 선생님의 뒷모습이 마지막인 경우도 있었다. 정신과 진료와 상담을 받으며 지낸다는 소식을 간간이 전해오다가 결국에는 퇴직을 선택한 선배 교사의 모습을 보며 그땐 남 일처럼 느꼈는데, 이젠 내 일이 될 수 있겠다 싶다. 젊은 선생님들 중에는 교직이 아닌 다른 곳으로 눈을 돌리며 살길을 모색하는 경우도 있다. 사범대, 교대 합격선과 경쟁률이 모두 하락했다는 입시 결과 역시 놀랍지 않다. 교직은 더 이상 매력적이지도 않고, 학교는 기존의 교사마저 떠나게 만드는 곳이 됐다. 이게 바로 교직의 현주소다.

교직이 이렇게 된 데에는 외부적, 제도적 원인도 있겠지만 교직에 몸담고 있는 교사 스스로가 문제를 바로잡고 변화시키려는 적극적인 노력을 하지 않은 탓도 있다. 교사가 스스로 목숨을 끊었다는 소식이 연일 들려오고, 가슴은 타는데 어쩔 줄 모르는 나 같은 교사들은 무작정 거리로 뛰쳐나와 집회에 합류하는 것 말고는 할 수 있는 게 없다. 거듭되는 집회에도 달라지는 게 없는 것만 같아 좌절하기도 할 것이다. 파문은 시간이 흐를수록 잦아든다. 요동치던 마음도 언젠가는 무감각해질 것이다. 비록 거세지는 않더라도, 잔잔한 물결일지라도 오래오래 이어진다면 우리가 뭔가 바꿀 수 있지 않을까. 해낼 수 있지 않을까.

파업을 감수하며 배우는 것

2023년 10월, 나는 휴직 상태로, 캐나다의 한 대학을 다니고 있다. 이곳 학교에서 첫 학기를 시작하자마자 대학교 조교로 구성된 노동조합이 파업에 돌입했다. 임금 인상, 처우 개선을 1년 전부터 주장해왔지만 요구 사항이 받아들여지지 않자 본격적인 행동을 시작한 것이다. 학교로 통하는 길목에 피켓라인을 만들고 플라스틱 통을 북처럼 두드리며 목소리를 내는 그들 옆을 지나칠 때마다 나도 속으로 응원의 메시지를 보내곤 했다.

그러나 노동조합의 단체행동을 지지하는 교수들이 피켓라인을 넘지 않겠다며 줄줄이 수업을 중단하고 사전에 계획된 행사가 취소되자 시끌벅적하던 학교가 금세 생기를 잃었다. 매일 우중충한 날씨에 북소리, 구호 외치는 소리만 들린다. 한 달 내내 강의실에 가보지도 못하는 상황이 되니 처음엔 파업에 긍정적이었던 나도 불만이 생기기 시작했다. 내가 얼마를 주고 여기까지 왔는데, 나는 파업으로 인해 내가 겪게 된 손실을 따지기 시작했다. 그들이 나의 일상을 파괴할 권리가 있을까? 학생들의 수업권을 박탈할 권리가 있을까? 한국에서 마지막으로 집회에 참여한 지 두 달도 채 안 돼 반대 입장에 서게 된 거다. 참 간사하게도 교사 파업을 적극 지지하던 내가 학생 입장이 되고 나니 파업에 볼멘소리를 내고 있다.

내가 부끄러움을 느낀 건, 백발의 노교수가 학생들에게 보낸 메일을 읽고 나서다. 우리는 자본주의화한 대학 당국의 무관심한 태도를 목도하는 중이라는 말로 시작하는 메일에는 이렇게 적혀 있었다.

그러나 우리는 파업을 통해 많은 것을 배우고 있습니다. 또한 파업 구성원들이 오랜 시간 겪어온 경제적, 정신적인 어려움을 함께 나누고 있습니다.

그는 파업으로 겪는 어려움과 불편함을 일차원적으로 생각했던 내게 새로운 시각을 선사했다. 파업을 일으키는 능동적 주체가 아닌 파업 행위의 감수자感受者 역시 파업을 통해 배운다. 파업을 감수하는 일 자체만으로 우리는 타인의 고통에 동참하게 되는 것이다. 이곳 구성원들은 이 모든 걸 자연스럽고 또 당연하게 받아들이고 이해하고 있는 듯했다. 파업에 대해 학생들과 이야기를 나누어 보니 이것도 학교생활에서 배울 수 있는 일부분이라고 했다. 그들은 자신이 겪고 있는 불편함을 말하는 대신 대학 당국의 부당한 자세를 지적했다. 결코 비난의 화살을 파업 행위자들에게 겨누는 법이 없었다.

우리는 우리 학생들에게 가르쳐야 하는 것 하나를 어쩌면 놓치고 있을지도 모른다. 좋은 시민에게 기대하는 모습, 즉 우리 사회에서 일어나는 부당한 일에 귀 기울일 줄 알고, 타인이 처한 어려움에 공감하고 동참할 줄 아는 것 말이다. 아이들이 내가 누려야 마땅할 자유와 권리에만 사로잡힌 나머지 타인의 슬픔과 분노를 외면하는 사람이 되지 않길 바란다. 그 얼마나 삭막한 세상인가.

여기, 캐나다의 어느 산자락에 위치한 대학에서 한 달 동안 이어져왔던 파업이 드디어 오늘 막을 내렸다. 협상이 극적으로 타결되었다고 했고 학교는 마치 축제 같은 분위기였다. 중앙광장에 놓인 피아노로 학생 하나가 〈오 솔레 미오 O Sole Mio〉를 연주했다. 일주일 내내 비가 내리고 있긴 하지만 태양을 예찬하는 게 어색하지 않았다. 오랜만에 강의실에 모인 학생들은 조교에게 축하의 인사를 건넸다. 교단에 선 교수들의 목소리와 몸짓에도 전보다 더 힘이 실려 있었다.

교사들이 학생들을 볼모로, 인질로 삼는다는 비난, 죄책감에서 우리 모두 자유로워지길 바란다. 그마저도 교육이다.

광장에서 보내는
가정통신문*

정성식

익산 이리고현초등학교 교사

학부모님께

안녕하십니까? 저는 24년 경력의 초등교사입니다. 담임교사와 교무부장을 겸하고 있는 저는 평소에도 학교의 상황을 알리는 가정통신문을 학부모님께 자주 보냅니다. 오늘은 조금 특별한 가정통신문을 하나 보냅니다. 학교 밖에 있는 모든 사람들에게 보내는 가정통신문입니다. 꼭 학부모가 아니어도 좋으니 오늘의 학교를 이해한다 생각하며 편안하게 읽어주시기 바랍니다.

요즘 언론에 학부모의 악성 민원 사례가 종종 보도됩니다. 이를 지켜보는 학부모님의 마음은 안타까우면서 한편으로는 불편

● 이 글은 〈창비주간논평〉 2023년 8월 29일 자 기고문을 다시 실은 것입니다.

하기도 할 것 같다는 생각이 듭니다. 모든 학부모가 다 그런 것은 아닌데 일부의 사례를 일반화하는 것 아니냐는 말을 듣기도 했습니다. 일부의 사례 맞습니다. 대부분의 학부모는 우호적이고 협력적인데 극히 일부의 몰상식한 사람들이 이런 무례를 범합니다. 그런데 교실에는 여러 아이들이 있고, 그중 한두 아이의 가정에 꼭 이런 부모가 있습니다. 즉 교사들은 해마다 이 상황을 되풀이하며 겪고 있습니다. 그 상처가 참으로 아픕니다. 그렇다고 학부모님과 벽을 쌓고 싶지는 않습니다. 아픈 속내를 솔직히 털어놓으며 불필요한 오해와 갈등을 줄이고 더 나은 교육을 위해 학부모님과 함께 노력하고 싶습니다.

서울 서이초 선생님의 안타까운 죽음은 우리 사회에 큰 충격을 던졌습니다. 이 사건이 계기가 되어 그동안 참아왔던 교사들이 입을 열기 시작했습니다. 경기 호원초에서도 학부모의 무리한 민원이 원인이 되어 두 초임교사가 생을 마감했던 사실이 뒤늦게 밝혀졌습니다. 부랴부랴 통계를 내어 보니 최근 6년간 스스로 생을 마감한 교사들이 100명이 넘습니다. 참다못한 교사들이 거리로 나오기 시작했습니다. 교사의 억울한 죽음에 대한 진상을 규명하고, 학생생활지도가 아동학대로 둔갑하는 상황을 개선하여 교육이 가능한 학교를 만들어달라고 외치기 시작했습니다. 폭염과 폭우 속에서도 6만여 명의 교사들이 검은 옷을 입고 거리를 가득 메우고 있습니다. 저도 주마다 익산에서 서울을 오가며 이 집회에 참여하고 있습니다.

시대가 변하면서 학교도 변하긴 했지만 여전히 구시대에 머물고 있는 것들도 있습니다. 어느 공공기관에나 있는 공식 민원 창구가 학교에는 없습니다. 아직도 많은 교사들은 개인 휴대전화로 근무시간과 무관하게 민원을 받고 있습니다. 출입관리 시스템조차 마련되어 있지 않습니다. 급기야 얼마 전 대전의 모 고등학교에서는 무단침입자가 교무실까지 들어와 교사를 흉기로 찌르는 사고가 일어나기도 했습니다. 학교는 학부모님들이 생각하는 것처럼 안전하지 않습니다.

유럽을 여행할 때 본 학교들은 외부인 출입을 통제하기 위해 높은 담장을 세웠고 교문 안에 들어서면 면회실이 있습니다. 외부인은 사전 신청을 해야만 교문을 출입할 수 있었습니다. 반면 우리나라는 다른 정책을 펴왔습니다. 수요자 중심 교육이라는 말로 수요자(학생, 학부모)가 요구하면 공급자(교직원)가 이 요구를 충족시켜야 한다며 학교에 많은 부담을 안겼습니다. 방과후학교, 돌봄교실만 보더라도 사회적 합의를 통해 관련 법을 만들어 시행해야 하는데 그저 학교와 교사의 헌신을 당연시하며 밀어붙였습니다. 교육은 시장이 아닙니다. 학생과 학부모는 교육의 수요자가 아니고, 교사는 교육의 공급자가 아닙니다. 교육기본법에서는 학습자(제12조), 보호자(제13조), 교원(제14조)을 모두 일컬어 '교육당사자'로 밝히고 있습니다. 수요자가 아닌 당사자 관점으로 교육을 바라봐주시기를 간곡히 당부드립니다.

학교의 의무가 늘어갈수록 갈등도 늘어갑니다. 학교폭력, 교권침해, 아동학대, 악성 민원으로 인한 갈등이 대표적입니다. 정부는 사건이 벌어질 때마다 학교에 각종 위원회를 만들어서 해결하라고 합니다. 그러나 당사자들의 이해가 충돌하는 상황에서 학교 스스로 이 갈등을 해결하기가 어렵습니다. 교육청에 교육 갈등을 해결할 수 있는 기구를 만들어 조정·화해의 역할을 담당하도록 하고 학교는 교육에 전념하도록 해야 합니다.

2012년부터 학교폭력 가해사실을 학생부에 기록하기 시작했습니다. 그러자 그 이전까지는 한 건도 없었던, 학교를 향한 소송이 해마다 급증합니다. 이런 일이 발생하면 학교는 민원, 소송에 시달리느라 정작 교육이 불가능해지는 상황에 놓입니다. 그런데 교권침해가 사회적 이슈로 떠오르자 교육부는 이마저 정쟁의 도구로 삼고 있습니다. 학생인권조례가 교권침해의 원인이라고 호도하며 교권침해사실을 학생부에 기재하겠다는 입장을 밝히고 있습니다. 진단도 처방도 잘못되었습니다. 교권침해사실을 학생부에 기록하는 방침도 결국 그 이후가 뻔히 그려집니다.

학부모님, 교사들은 지금 학부모님께 항의하는 것이 아닙니다. 교육이 가능할 수 있도록 대한민국 정부에 안전한 학교 시스템을 마련해달라고 간절히 요구하고 있습니다. 횡단보도에 신호등과 정지선이 있어야 보행자가 안전하게 길을 건널 수 있듯이 학교에도 모두가 안전하게 교육할 수 있는 시스템이 필요합니다. 교사의 의견이 반영된 교육정책이 마련되어야 합니다. 그러기 위해서는 교사의 시민권 확보가 절대적으로 필요합니다. 대한민국이 선진국 대열에 들어선 지 오래지만 교육에서만큼은 OECD 가입국 중에서 유일하게 교사의 정치 참여를 제한하고 있는 후진적인 나라이기도 합니다. 헌법은 교육의 정치적 중립성을 '보장'받아야 한다고 했지, 교사들이 정치에 대해 입도 뻥끗하지 말라고 하지 않았습니다. 교사도 시민입니다. 교사가 시민권을 온전히 보장받아야 학생을 민주시민으로 길러낼 수 있습니다. 교사의 시민권 확보에도 관심을 가져주시기 바랍니다.

저는 교사이면서 두 학생을 둔 학부모입니다. 그 마음으로 학부모단체에 가입하고 학부모운동을 응원하며 살고 있습니다. 다소 불편한 감이 있더라도 공교육 정상화를 요구하는 교사들의 외침을 부디 외면하지 말고 들어주세요. 그리고 응원해주세요. 내 아이뿐만 아니라 모두의 아이를 살리는 해법은 거기에서 찾을 수 있을 거라고 저는 생각합니다. 교사와 학부모를 떠나서 우리는 모두 어른입니다. 오늘의 갈등 상황을 어른답게 잘 해결하고 우리 아이들에게 더 나은 내일을 살게 하고 싶습니다. 어른인 우리의 마음은 같으리라 믿습니다.

  고맙습니다.

뜨거운 아스팔트 위에서

교사 정성식 올림

교육 주체의 협력을 통해 교권과 학생인권 간 대립을 넘어 교육 회복으로

김현규
세종시교육청 학교교육지원센터 교사

단일직종 30만 집결, 이 책에도 같은 표현이 있지만 사실 이는 공교육 정상화라는 문제의식에 동참하며 함께한 일반 시민들의 역할을 간과한 것이다. 거리에 나선 이들이 모두 교사는 아니었다. 가깝게는 교사의 가족들부터, 교육부, 교육청 관계자, 교·사범대 교수, 교육에 관심이 있는 시민과 학부모 들이 함께해 주었다.

언론도 호의적이었다. 경향신문이 운영하는 유튜브 채널 '이런 경향'에서는 선생님들의 목소리를 듣고 싶다며 실천교육교사모임에 연락해 왔다. 천경호 회장, 한희정 고문과 함께 영상을 찍었다. 이 유튜브는 조회수 19만을 넘겼고 댓글도 1,000개 넘게 달렸다.(2023년 10월 5일 기준)

많은 보도와 칼럼도 교사의 목소리를 지지하였다. 광화문과 여의도에는 많은 집회가 매주 열린다. 그 집회들이 이처럼 매번 보도되지는 않는다. 이 시기의 많은 보도들은 교사 인권 문제를 다뤘다. 신문에서도 라디오에서도 TV에서도 그랬다.

이 글은 세종시 사례를 중심으로 교육 구성원들의 협력 과정을 짚어보고자 한다. 세종시 교원단체와 학부모, 시민단체는 교권보호를 위한 조례안을 마련하였다. 그리고 의원 발의 형식보다 더디고 힘든 주민 발의 방식을 택해 여러 단위들을 모으는 작업을 하였다. 문제를 함께 해결하고자 했다는 점에서 의미 있는 과정과 결과로 이어질 수 있었다.

교육 주체

흔히 교육의 주체를 이야기할 때 '3주체'라는 말을 쓰지만 이 용어는 법률적 실체가 모호하다. '교원의 학생생활지도에 관한 고시' 제3조(교육 3주체의 책무)를 보면 ①항에 "학생, 학교의 장과 교원, 학부모 등 보호자(이하 '보호자'라 한다)는 상호 간에 권리를 존중하고 타인의 권리를 부정하거나 침해하지 않도록 노력해야 한다."라는 표현이 나온다. 교육기본법은 제2장에서 교육당사자를 규정하고 있다. 제12조(학습자)를 시작으로 제13조(보호자), 제14조(교원)에서 교육 주체를 이야기한다. 여기까지만 보면 '아!

이게 교육 3주체인가?' 하는 생각이 들겠지만 제15조(교원단체), 제16조(학교 등의 설립·경영자), 제17조(국가 및 지방자치단체)에 나오는 주체들도 교육당사자다. 직접적인 교육당사자는 아닐지 몰라도 학교운영에는 영향을 미칠 수 있는 주체 중에 지역사회 인사도 있다. 초·중등교육법에는 제31조(학교운영위원회의 설치) ②항에 "국립·공립 학교에 두는 학교운영위원회는 그 학교의 교원 대표, 학부모 대표 및 지역사회 인사로 구성한다."라고 되어 있다. 국립·공립 학교와 사립학교가 약간 다르긴 하지만 '학교 헌장과 학칙의 제정 또는 개정' '학교의 예산안과 결산' '학교교육과정의 운영방법'을 비롯하여 무려 14가지 사항을 심의하는 학교운영위원회에는 지역사회 인사도 포함되는 것이다.

교육 3주체라는 표현과 함께 생각해 볼 수 있는 것으로 교육자(교사), 학습자(학생), 교육내용(교육과정)으로 이루어진 교육 3요소가 있다. 학부모(이하 보호자)는 이른바 교육 3주체일지는 몰라도 교육 3요소에는 포함되지 않는 애매한 위치에 있다. 교육 3주체라는 표현은 일본에서 먼저 사용했고 나중에 우리나라에 들어와 두 나라에서만 쓰이고 있다. 일본에서도 법률적 용어는 아니고 통상 사용하는 표현이라고 한다.

세종시에서는 교육 3주체를 넘어 '교육 4주체'라는 표현을 쓴다. 기존의 교육 3주체에 시민사회단체를 포함한 개념이다. 이 표현에 대한 교사들의 반응은 대체로 부정적이다. 주체라면 마땅히 권리를 보장받는 만큼 책무를 감당해야 한다. 교사는 법률적 책무에 비해 이를 실현할 권리나 권한이 거의 없어서 문제가 되고 있다. 그런데 시민사회단체의 교육적 권한과 책무는 모호하다. 이런 상황에서 학생, 보호자에 더해 시민사회단체까지 각각 주장을 내세운다면 정상적인 교육활동을 북돋기보다 현장을 더 혼란스럽게 할 것이라는 우려가 많다. 하지만 시민사회단체의 참여를 긍정적으로 보는 교사들도 있다. 수업 현장의 어려움을 이해하고 교사들을 지지하는 사람들이 많아질수록 교육이 바로 설 수 있다는 기대 때문이다. 정상적인 교육을 어렵게 하는 악성 민원인과 수업 방해 학생은 극소수이기 때문에 교육공동체의 건강한 구성원이 합심하면 정당하게 가르치고 싶은 교사와 열심히 공부하고 싶은 학생, 교사와 소통하고 싶어 하는 보호자 모두를 지킬 수 있다고 본다. 이 사람들은 온 마을이 함께 연대함으로써 교육을 지키고 가꾸어, 개인은 공동체가 유무형의 결실을 맺는 데에 공헌하고 공동체는 개인의 성장을 돕는 건강한 상호관계가 이루어지기를 바란다. 또한 이러한 기대와 참여가 '교육활동보호 조례' 추진위원회를 결성하는 데 영향을 주기도 했다. 추진위는 이 조례를 세종시의회 최초의 주민발의로 접수하여 현재 서명을 받고 있다. 교육 4주체라는 표현이 단순한 명칭이 아니라 조직을 구성하고 조례를 추진하는 과정에서 실제로 작동한 것이다.

세종시 교육활동보호조례 추진단 사례

서이초 사건 이후 8월부터 세종 5개 교원단체와 교육청, 학부모, 시민사회단체가 함께 세종시 교육활동보호조례 추진단(이하 조례 추진단)을 만들어 주민 발의를 위한 조례 초안 작성에 들어갔다. 세종실천교육교사모임은 논의에 참여한 단체 중 가장 작았지만 일부 다른 지역과 달리 규모를 이유로 참여를 반대하는 단체는 없었다. 교원단체뿐만 아니라 다양한 단체가 참여하다 보니 서로 입장이 달라 단어 하나도 그냥 넘기지 않고 오래 숙의하는 일이 반복됐다. 항목의 주체를 누구로, 대상을 어디로 할 것인지 자주 논란이 됐다. 서술어를 정할 때도 '할 수 있다'와 '한다'를 두고 토론이 이어졌다. 조례에서는 여지를 주고 세안에서 명확히 하자는 절충안이 나오면 이를 받아들이는 위원도 있었지만 그렇게 하면 애써 만든 조항이 제대로 작동하지 않을 것이라고 우려하는 목소리도 있었다. 이렇게 각 단체 대표들이 때로는 이해하고 때로는 첨예하게 대립하면서 서로의 입장을 조율하여 초안을 만들었다. 이 과정에서 위원들끼리는 물론이거니와 각 단체 내부에서도 반발과 이견이 계속됐다. 추진단에 참여한 다수의 목표는 교육공동체가 모두 참여하여 만든 조례안을 세종시 최초의 주민 발의로 통과시켜서 우리의 의지를 선언하는 것이었다.

  8월 30일에는 어느 정도 조율된 초안을 놓고 여러 선생님과 학생, 학부모, 시민 들이 참여한 토론회가 열렸다. '교육권'이 강화되면 학생인권이 후퇴할 거라는 우려나 학부모 입장에서는 민원절차가 까다로워지면 교사와 소통이 어려워질 것에 대한 우려 등이 이어졌다. 이어서 수업 방해 학생을 경험한 학생이 교사에게 어떤 통제력도 없는 상황에서 교실 붕괴가 일어나면 교사뿐만 아니라 수업에 참여한 학생들이 심각한 학습권 침해를 받는다는 사실을 생생하게 이야기했다. 교사회 설치를 조례에 담아야 한다는 의견도 있었다. 교육당사자별로 많은 의견과 우려가 이어졌다. 이에 교사 대표로서 나는 '교육권'은 '학생인권'과 대립하는 개념이 아니라는 것, 교사가 제대로 배우고 싶은 대다수 성실한 학생들을 지키고 정당하게 가르칠 수 있어야 한다고 역설했다.

> "학생인권이 과도하다고 생각하여 이에 맞설 수 있는 교육권을 요구하는 것이 아닙니다. 지금 교사들은 문제 상황에서 대다수 학생의 학습권을 보호하기 위한 교육권을 말씀드리고 있습니다. 교사로서, 공동체가 교사에게 부여한 공적 책무를 다하기 위

해서는 그에 합당한 권한이 필요합니다. 교사와 학생, 학부모 모두에게 책임만큼의 권한이, 자유만큼의 의무가 있어야 합니다."

많은 참여자들이 이에 공감을 표시해주었다.

한편 세종시에서 열린 9.4 故 서이초 교사 49재는 교사는 물론 교육청과 조례 추진단이 각자 역할을 맡아, 한뜻으로 추모하고 교육공동체 회복에 나선 모습이었다는 점에서 더욱 뜻깊다. 교육청은 오전에 공식 추모행사를, 교사들은 오후에 교육부 앞 집회를, 조례 추진단은 저녁에 이응다리(금강보행교)에서 세종시민이 함께 참여하는 추모행사를 마련했다. 9월 4일을 앞두고 조례 추진단은 세종교육공동체 회복을 위해 교육청과 교원, 학부모, 학생은 물론 시민의 지지와 참여를 호소하는 입장문을 발표했다. "죽음은 죽음 자체가 아니라 새로운 삶의 계기로 이어집니다. 이에 세종교육공동체는 고통을 새로운 삶의 동력으로 전환시키고자 합니다."라는 이야기로 시작하는 이 입장문은 세종시에 기반을 둔 십여 개 단체가 의견을 모은 공동의 목소리라는 데에서 의미가 있다.

교육청에서 주관한 추모행사에서는 참석자 헌화를 시작으로 교육감, 교사, 관리자, 조례 추진단 상임대표(시민단체), 학부모의 추모사가 이어졌다. 참석자들은 비통한 심정을 감추지 못했고 많은 참석자가 눈물을 흘렸다. 추모행사 직후 세종교육회의는 공식 입장문을 통해 "교육부는 교육자치 존중하고 교육공동체 회복을 지원하라."라며 지지 의사를 밝혔다. 이날 학교운영위원회의 의결을 거쳐 재량휴업을 결정한 세종시 초등학교는 8곳으로 인구 수 및 학교 수 대비 전국 최대 규모다. 또한 추모집회 동참을 위해 연병가 등을 사용하겠다고 밝힌 교사들이 세종시에서 103개교 1,300여 명이었다. 임시휴업 없이 정상적인 학사 운영을 진행한 학교를 위해 필요한 수업지원 교사를 확보하고 초등 출신 장학사를 지원하였고 학교장과 교감은 물론 학부모 등이 자원하여 합동 수업, 미니 올림픽 형식의 체육 수업을 진행하는 등 일각에서 우려했던 학교 현장의 혼란이나 학교 구성원 간의 갈등, 수업 결손이 일어나지 않았다. 또한 조례 추진단이 준비한 '교육 다시 잇기' 추모행사에는 교육감을 비롯하여 교육부 앞 집회를 마친 세종 및 충청권 교사들과 시민들이 참여하여 이응다리를 함께 걸으며 고인을 추모하고 교육 회복의 의지를 다졌다.

  9월 4일을 앞두고 학부모의 의견을 수렴하여 학교운영위를 통해 학교장이 재량휴업일을 지정했지만 교육부에서 이를 불법으로 규정하고 징계 방침을 고집하자 세종시 초등교감 31명, 세종교육청 전문직 39명이 교육부에 현수막을 걸었다. 세종교육청 외벽에도 대형 현수막이 걸려 교원들의 목소리를 짐작케 했다. 2023년 5월 3일 출범한 세종교육회의 역시 교사들의 고통과 아픔을 헤아리며 '공교육 멈춤' 행동을 지지, 교육부에게 교육 자치를 존중하고 교육공동체 회복을 지원하라고 요구했다. 세종시민사회단체연대회의도 성명을 통해 "교사들의 자발적 참여로 이뤄지고 있는 추모집회와 공교육 멈춤의 날을 적극 지지한다."라고 밝혔다. 세종시민사회단체연대회의, 세종참교육학부모회 등 시민들도 "남은 선생님들을 지켜주고 싶은 마음은 같다."며 "학교와 교사들의 자발적인 행동에 공권력을 휘두르는 교육부의 모습을 이해할 수 없다. 대한민국 교육의 미래를 위해 비통한 심정으로 호소하는 선생님들의 목소리에 귀를 기울여주시고 함께해주시길 바란다."는 당부와 함께 교사를 지지하고 연대하겠다는 입장을 냈다.

9월 5일 아침. 교육청 앞에는 세종시 초등교사로부터 '최교진 교육감님의 학교 공동체를 위한 용기 있는 결단에 감사드린다.' '세종교육청 선배님들 책임 있는 행동 감사합니다.'라고 적힌 화환이 배달되었다. 재량휴업을 진행한 학교에도 교장과 교감을 향해 '자랑스러운 선배님' '선배님 감사합니다.'라고 적힌 현수막이 걸렸다. 이런 모습을 통해 세대를 막론하고 많은 사람들이 마음과 뜻을 모아 공교육이 회복되기를 바랐다는 것을 알 수 있다.

이번 일을 겪으며 세종교육의 모든 구성원이 일치단결했다고는 말할 수는 없다. 교사들이 상신한 연병가 결재가 이루어지지 않은 학교도 있었고 현 교육감을 비판하는 성명을 낸 단체도 일부 있었다. 하지만 서로 입장이 다를 수 있는 여러 단체가 교육활동을 보호하겠다는 공동의 입장으로 함께 뜻을 모아 이뤄낸 놀라운 일치를 경험하는 기회가 됐다.

사법 논리를 넘어 교육공동체의 신뢰와 상호 존중 문화로

요즘 학교에는 교육 논리만 빼고 사법, 노동, 행정, 자본 등 온갖 논리가 작동하고 있다. 하지만 학교에서 이뤄지는 교육활동의 본질은 '가르치고 배우는 사람이 신뢰를 바탕으로 만나는 것'이다. 실패를 경험하고 이를 성찰하며 사람은 성장한다. 안전한 실패는 상호 신뢰가 없이는 불가능하다. 교육행정당국에서 시의성 있게 내놓고 있는 정책을 보면 처벌을 강화하고 이를 기록한다든지, 사법적인 시스템으로 교원을 보호하겠다든지 하는 대중요법^{對症療法}이 많아 보인다. 아동학대 관련 법률 개정처럼 많은 이들이 이 사태의 핵심으로 지적하고 있는 직접적인 개선책은 아직 나오지 않고 있다. 정부는 수당을 인상해주겠다며 회유하려는 어정쩡한 태도를 보여 많은 교사들에게 허탈과 더 큰 분노를 안겨 주었다.

법률과 제도를 세밀하게 정비하는 한편 궁극적으로는 교육공동체가 서로를 신뢰하고 존중하는 '문화'를 만들어야 근본적인 문제 해결이 가능하다. 한 아이를 키우기 위해서는 온 마을이 필요하지만 교육공동체를 망가뜨리는 데는 한 명의 악성 민원인이면 충분하기 때문이다. 교육은 사회의 일부다. 사회 구성원이 함께 힘을 모으지 않으면 교육이 온전히 서기 어렵다. 교육을 각종 사회문제의 해결 도구로 여기는 것이 아니라 각종 사회문제가 교육에 스며들지 않도록 막아내야 한다. 아이들이 안전한 환경에서 충분히 실패하고 이를 잘 성찰하여 성장하고 성숙한 시민이 될 수 있도록 모든 교육공동체 구성원이 함께 노력해야 할 것이다.

공교육의 주체인 학교와 사회는 서로 영향을 주고받는다. 사회문제가 생길 때마다 학교가 제대로 가르치지 않아서 이런 문제가 생겼다는 비판을 받곤 한다. 하지만 학교는 사회에서 일어나는 문제를 해결하는 곳이 아니라 오히려 여러 사회문제에서 악영향을 받지 않도록 보호해야 할 교육기관이다. 따라서 공교육 정상화를 논의하기 위해서는 교원, 보호자, 학생만이 아니라 교육에 직간접적으로 영향을 미칠 수 있는 단위들의 협력이 중요하다.

교육 현안을 둘러싸고 다양한 입장과 의견이 부유하는 이 시점에서 세종시의 사례는, 다소 의견 차이가 있었음에도 영역별

단체들이 논의의 장에서 이탈하지 않고 끝까지 교육활동보호조례라는 합의를 이끌어 냈다는 점에서 주목할 만하다. 물론 아쉬운 점도 있다. 학생을 대표할 수 있는 단체가 논의 과정에 참여했다면 교육적으로 더욱 의미 있는 과정이 되지 않았을까 하는 점이다.

교육권과 학생인권은 밤하늘의 별이 아니라 사회라는 바다에 떠 있는 작은 배다. 배도 떠 있을 수 있는 상태여야 하고 바다도 배를 받쳐줘야 한다. 사실 학교와 교육이 하나의 배라고 할 수 있다. 때로는 지지받고 때로는 도전받으며 항해 중이다. 배가 부실하거나 바다가 험악해지면 항해는 멈춘다. 부디 우리의 모험이 멋진 항해가 될 수 있었으면 좋겠다. 교육권과 학생인권은 사회의 동의와 지지 없이는 성립할 수 없다. 교육에 대해 법률적 책임을 지는 교원뿐만 아니라 학생, 보호자를 비롯하여 사회 구성원들이 학교를 보호하고 지지할 때 교육이 미래를 열어낼 수 있을 것이다. 한 아이를 키우기 위해서는 온 마을이 필요하다는 말처럼 학교를 지키고 건강한 교육을 만들기 위해서는 온 사회가 필요하다. 이를 위해 이번 세종시 사례가 작은 의미라도 줄 수 있기를 바란다.

ⓒ 정성수
(안산 대월초등학교 교사)
@Funkostargram

아동학대처벌법 개정하라
교사의 교육권 보장하라
정상적인 교육환경 조성하라

우리는 가르치고 싶다
학생들은 배우고 싶다

들리는가 분노한 우리의 함성 소리가

무너져간 교실에서 홀로 싸워온

보이는가 새카만 이곳의 성난 파도가

제자리를 찾아가길 원하는 것이

무엇을 위해 견뎌왔는가

이젠 일어나 바로잡으세

들리는가 분노한 우리의 함성 소리가

무너져간 교실에서 홀로 싸워온

우리 꿈꿔왔던 교육을 되찾기 위하여

이제는 더 이상 헛된 죽음 막으리

죽음 막으리 죽음을 막으리

헌정곡 〈꺾인 꽃의 행진〉
작곡 김종환 원주 무실초등학교 교사
작사 강한길 서울잠일초등학교 교사·김종환

교사들은 '교육권 보장'을 외치며 구체적이고 명확한 지침이 실행되는 일에 한목소리를 냈다.
ⓒ 정성수 @Funkostargram

집회 홍보를 위해 그린 그림.
ⓒ 정성수 @Funkostargram

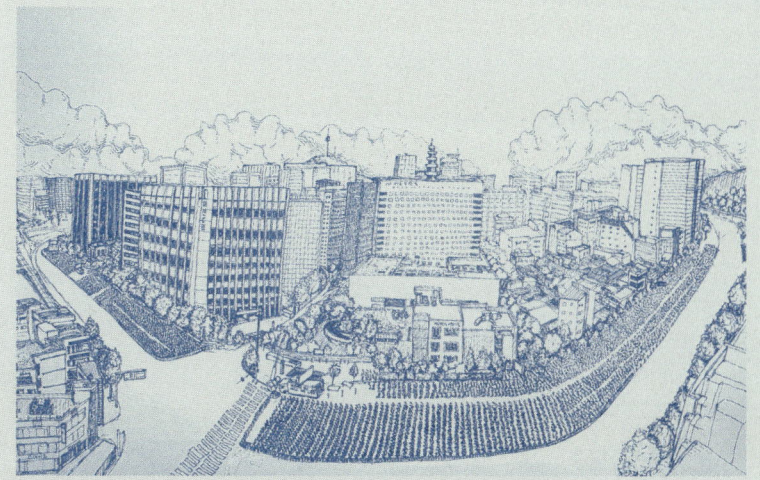

교사뿐만 아니라 학부모, 교육계에 종사하지 않는 시민도 마음을 보태 주었다. 집회 규모는 점점 커져갔다.
ⓒ 정성수 @Funkostargram

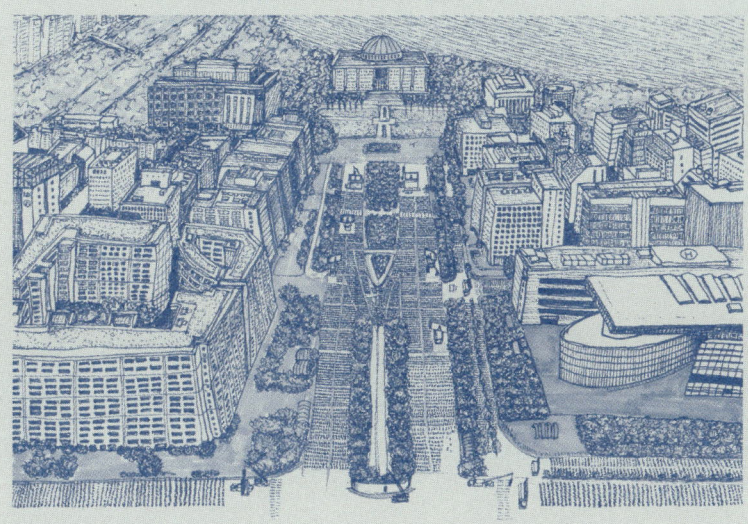

광장을 가득 메운 시민들. 공교육이 회복으로 나아가 아이들 앞에 다시 웃으며 설 수 있기를 외쳤다.
ⓒ 정성수 @Funkostargram

2부
교사, 교육을 진단하다

반창고의 크기로는
상처의 깊이를 알 수 없다

현운석
당진 고대초등학교 교사

보이지 않은 위험 경계하기

'보이지 않는 작은 구멍이 배를 가라앉게 한다.' 겉으로 드러나지 않은 위험이 오히려 더 큰 재앙을 불러올 수도 있으니 자세히 살펴 미리 대비해야 한다는 교훈을 담은 말이다. 필자는 지난 2022년부터 교권 관련 강의 제안을 받을 때마다 '통계와 사례로 살펴보는 교육활동 침해와 예방'이란 주제를 준비했고, 공식적으로 발표되는 통계 이면(裏面)의 문제점을 계속 지적해왔다. 실제로 서이초 사건 이후의 연이은 슬픈 소식들도 세부적인 과정을 자세히 살펴보면, 통계에는 잡힐 수 없었던 행위로 가득했다. 눈에 보이지 않는 가시가 더 아픈 법이다. 우선은 통계로 드러난 교육활동 침해 현황부터 살펴보면서 그 이면에 있는 보이지 않는 가시를 찾아내 보도록 하자.

통계에는 드러나지 않는 이면

2023년 8월 23일, 교육부에서 발표한 「교권 회복 및 보호 강화 종합방안」과 함께 안내된 통계자료를 보면 2022년 교육활동 침해 건수는 총 3,035건이며 전년 대비 크게 증가(33.8%)한 것으로 나타났다. 교육부에서는 코로나19가 유행했던 2020년 일시적인 감소 이후 다시 증가세로 돌아섰다고 판단했다. 2022년까지만 해도 「교원의 지위 향상 및 교육활동 보호를 위한 특별법」(이하 '교원지위법') 실태조사 결과 2014년 이후 지속적으로 감소하는 경향이 관찰된다고 명시한 것과는 대비되는 반응이다.

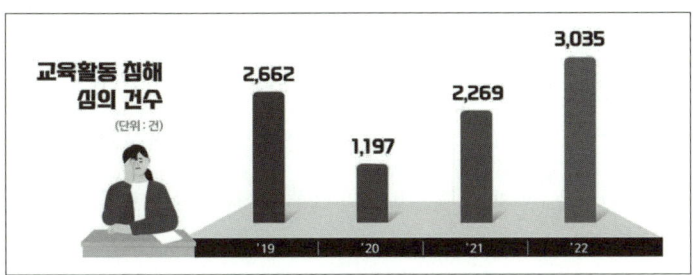

「교권 회복 및 보호 강화 종합방안」 중 교육활동 침해 심의 건수●

● 「교권 회복 및 보호 강화 종합방안」(교육부, 2023년 8월 23일)

그러나 현행 실태조사의 경우, '학교교권보호위원회'에서 심의한 교육활동 침해 사안에 대해서만 조사가 실시되고 있기 때문에 실제 사례는 더욱 많을 것으로 추측해 볼 수 있다. 실례로 교원 중 교육활동 침해 사안을 외부에 알린 경우는 43.5%로 절반에 못 미쳤다는 결과가 나타나기도 하였고●, 경남지역 교원을 대상으로 조사한 결과 실제로 교육활동 침해 사안이 생겼을 경우 교권보호위원회를 요청한 비율은 9%에 불과하다는 설문 결과가 공개되기도 하였다.●● 교육활동을 침해한 실제 사안 건수가 최소 7,600여 건에서 많게는 3만여 건이 넘을 수도 있다고 예상할 수 있는 수치이다. 이런 오류가 발생하는 이유는 학교폭력 실태조사의 경우처럼, 접수된 건 외에 실제로 사례에 대한 교원 대상 전수조사를 실시하지 않았기 때문이라고 볼 수 있다. 솔직히 교육부에 모든 교원을 대상으로 전수조사를 실시할 의지가 있었는지 아직도 의문이다.

그럼에도 교육활동 침해 행위 유형별 통계는 주목해볼 만하다. 학생·학부모에 의한 모욕·명예훼손 침해(55.5%)가 가장 많이 발생하고, 상해·폭행(10.5%), 성적 굴욕감이나 혐오감을 일

● 「교원의 교육활동 침해 실태 분석과 제도 개선 방안」(최수진·권순형·김혜진·이승호·김성기, 진천 한국교육개발원, 2021)
●● 「"경남 교사 절반 가까이 교권침해 경험 … 다수가 혼자 감내"」(윤성효, 오마이뉴스, 2023년 5월 11일)

으키는 행위(8.1%)가 그다음으로 집계되었다. 그리고 침해 주체에 따라 학생의 상해·폭행(12.2%)과 성폭력 범죄(3.8%)가 증가하고 있다고 강조하였고, 학부모의 경우는 협박(11.9%)과 부당 간섭(20.8%)의 비율이 높아진 것에 주목하였다. 이 부분에 대해서는 학교 현장에서 체감하는 유형 비율과 다소 비슷하다는 의견도 있지만, 최근 주목받고 있는 아동학대 신고를 포함한 악성민원 사례까지 넣을 수 있는 유형이 애매하다는 점, 그리고 1건당 1유형으로만 통계를 집계한 부분에서 한계를 보인다.

교육활동 침해 주체가 누군지 나타내는 통계로는 학생이 침해한 경우가 대부분(92.2%)을 차지하지만, 초등학교(33.7%)에서는 중학교(4.9%)와 고등학교(5.0%)에 비해 학부모가 교육활동을 침해한 비율이 월등하다고 밝혔다. 이에 따라 광범위해진 초등

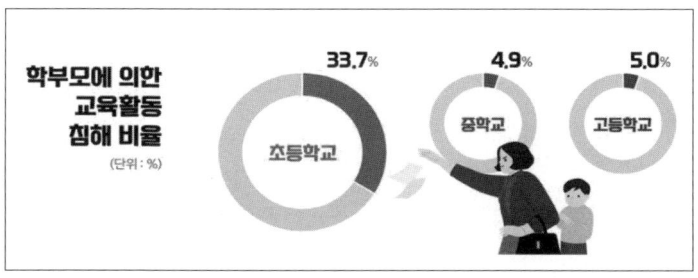

「교권 회복 및 보호 강화 종합방안」 중 학부모에 의한 교육활동 침해 비율●

● 「교권 회복 및 보호 강화 종합방안」(교육부, 2023년 8월 23일)

학교 학부모의 '부당한 간섭' 등 특이민원 현상에 적극 대응하는 체계가 필요하다고 강조하였다. 그러나 전체 건수 3,035건 중에서 학부모 등에 의한 침해 사안인 202건(7.8%)만 가지고 의미 있는 결과를 도출하는 데에는 무리가 있다. '초등학교에서는 학생보다 학부모가 교육활동을 침해하는 비율이 비교적 높다.' 정도만을 파악할 수 있을 뿐이다.

실제로 한국교원단체총연합회에서 실시한 설문에 따르면 학부모에 의한 교육활동 침해 비율은 71.6%로 집계되었고,● 교사노조연맹에서 발표한 '제42회 스승의 날 기념 교육현장 인식 조사결과'에서도 보호자에 의한 교육활동 침해 비율은 49.3%로 집계되었다.●● 교육부에서 발표한 유치원에서의 교육활동 침해 현황 통계를 살펴보면 더욱 당황스럽다. 전국 모든 유치원에서 교권보호위원회가 열린 건수는 학부모가 교육활동을 침해한 사안만으로 단 5건이다. 학부모의 교육활동 침해 사안이 교권보호위원회의 심의까지 진행되는 비율은 매우 낮다는 점을 방증한다. 교육활동 침해 사안에 대한 설문조사를 교권보호위원회 심의 건수가 아닌, 침해 행위 경험에 대한 전수조사 형태로 실시해야 하는 이유이다.

● 「교권침해 사례 모음집」 (한국교원단체총연합회, 2023년 8월 3일)
●● 「교사노동조합연맹 교육현장 인식 조사 요약 보고서」 (교사노조연맹, 2023년 6월 8일)

교육부 보도자료 마지막에 언급된 교원치유지원센터 이용 현황에 대한 통계도 눈여겨볼 만하다. 교원치유지원센터 이용 건수는 2021년 3만 3,704건에서 2022년 6만 1,187건으로 무려 81.8%나 증가했다. 물론 모든 사례가 교육활동 침해 사안 때문이라고 볼 수는 없지만 침해 사안을 당했더라도 교원치유지원센터를 이용하지 않은 사례의 비율 등을 종합적으로 고려해보면 매우 높은 수치임은 분명하다. 전국의 학생 321만명을 대상으로 실시한 2022년 1차 학교폭력 실태조사 결과인 학교폭력 피해 경험 5만 4,000여 건보다도 많은 건수이며, 전국 교원 수가 약 50만 명이라는 점을 고려했을 때 교원들의 회복 지원이 필요한 사안의 비율이, 최근 학교 현장에서 흔히 볼 수 있는 학교폭력 피해사례의 비율보다도 훨씬 더 높다고 볼 수 있다.

더욱 심각해지고 있는 교육활동 침해 행위를 놓고 증가 원인에 대한 교육현장 및 국민 인식 통계도 함께 발표되었다. '학생인권의 지나친 강조(42.8%)'가 1순위로 나타났고, 그 이후부터 '학교교육이나 교원에 대한 불신(18.9%)', '교육활동 보호에 대한 인식 부족(17.6%)'이 뒤를 이었으며, 최근 관련 법령 개정 요구와 맥락이 비슷한 '교육활동 침해 사안에 대한 법적 제재 미흡(12.0%)'은 다소 적은 비율로 나타났음을 볼 수 있다. 그러나 이 조사는 교원이나 교육당사자가 아닌 국민 4,000명을 대상으로 이루어졌다는 점을 고려하면 교육현장의 인식이라기보다 전사회적 인식을 조사한 결과로 보아야 하며, 보도자료 말미에 '학생인권조례가 교권 추락에 영향을 미쳤다'에 동의(83.1%)한다는 한국교원단체총연합회 회원 대상의 설문조사 내용을 넣어놓은 의도에 의문을 품지 않을 수 없다.

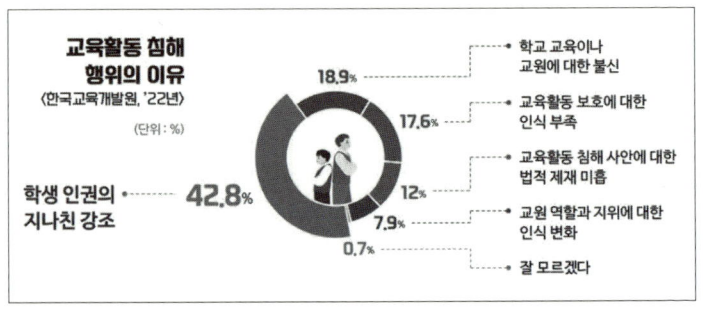

「교권 회복 및 보호 강화 종합방안」 중 교육활동 침해 행위의 이유●

교권침해 사례 분석과 대응을 위한 두 가지 제안

통계란 사회적 현상이 어떻게 변화되고 있는지 보여주며 현재 상황, 미래를 예측할 수 있는 과학적 결과물이어야 한다. 그리고 문제에 대한 인식과 분석, 대응 방안을 논리적으로 도출할 수 있는 근거가 되어야 한다. 그러나 교육활동 침해 사례를 포함해 최근

●「교권 회복 및 보호 강화 종합방안」(교육부, 2023년 8월 23일)

발표되고 있는 교권 관련 공식 통계는 허점이 너무 많다. 서론에서 언급하였듯이 보이지 않는 위험이 더 큰 재앙을 불러오는 법이다. 따라서 교육활동 침해 사례 분석과 대응 내실화를 위해 아래의 두 가지를 꼭 제안하고 싶다.

첫째, 교권보호위원회로 접수된 사안이 아닌 사례까지 통계 조사에 포함시켜야 한다. 이를 위해서는 교권보호위원회 심의 건수로만 사안을 파악하지 말고 교원 대상 전수조사를 실시해야 한다. 교육부에서도 이미 교권보호위원회 심의에 이르지 못한 숨겨진 침해 사안들을 염두에 두고 생활지도 불응이나 수업 방해 등 교육활동 침해 사례가 만연해 있는 점을 배경으로 언급하고 있다. 그렇다면 수면 위로 드러나지 않은 사례까지 포함한 조사 결과를 바탕으로 침해 행위의 유형과 주체를 다시 분석하고, 종합적인 교권 회복과 보호 방안을 추진해야 한다.

둘째, 교권보호위원회의 실효성을 높일 수 있는 내실화 방안을 구체적으로 마련해야 한다. 이미 교권보호위원회의 기능 및 역할 강화를 위해 학교교권보호위원회를 교육지원청으로 상향 이관하는 「교원지위법」 개정안이 논의된 지 오래다. 교육활동을 침해한 학생에게 조치를 취하고 그 내용을 기록하는 부분이 추가되었지만 이는 교권보호위원회의 분쟁을 더욱 심화시킬 여지가 있다. 결국은 위원회가 '교원과 교육활동을 실질적으로 보호하고 있는가?'에 대해 어느 정도까지 자신 있게 응답할 수 있는지가 핵심이다. 상당수의 교육활동 침해 사례가 교권보호위원회에서 다뤄지지 못하고 있고, 최근 이슈가 되고 있는 보호자에 의한 교육활동 침해 행위에 특히 취약하다는 문제가 계속 제기되고 있다. 지금처럼 아동학대로 신고할 것을 두려워 교권보호위원회에 접수하지 못하는 사례, 형사처벌 규정에 해당하는 사례임에도 관할청에서 고발하는 규정을 적용할 수 없었던 사례가 나타나서는 안 된다. 교권보호위원회가 정말 신뢰할 수준으로 교원과 교육활동을 보호하고 있어야만 지금과 같은 조사 결과의 신뢰성이 높아질 것이다.

끝으로 교육부를 포함한 관계 부처는 교육활동 침해 현황을 보다 면밀하게 파악하여 세부적인 대책을 마련하고자 하는 의지를 보여줘야 한다. 통계에 드러나지 않는 부분에 대한 유형과 양상은 지역별, 학교 규모별로 매우 다를 수 있다. 그런데 지금처럼 심의 건수만을 활용해 간접적으로 그 추이와 양상을 가늠하는 수준으로는 복잡하고 다양한 유형과 양상으로 발생하고 있는 교육활동 침해의 심각성과 원인을 파악하기 어렵다. 이런 상황에서 내놓은 대안들이 임시방편일 뿐이라는 학교 현장의 비판을 받는 이유도 같은 맥락이다. 따라서 이미 곪을 대로 곪아 버린 상처를 치유하고자 하는 의지를 앞으로 보여줄지, 그저 불거진 논란에 대응하기 위한 임시방편으로 잠시 상처를 덮은 후 사회적 관심과 이슈에서 멀어지기만을 기다릴지 주의 깊게 지켜보자.

유치원도 안전한
교육 공간이 되려면

이은주
세종 도담유치원 교사

유치원은 유아의 발달 특성상 언어 표현 전달이 어려워 학부모와의 소통과정에서 오해, 편견, 왜곡 등 다양한 문제들이 빈번하게 일어난다. 이러한 이유로 학부모들이 유치원 교사들의 교권을 침해하는 사례가 매우 많다. 더 안타까운 점은 교사들이 적절한 대처 방법을 잘 모르거나 어떤 사례가 학부모의 교권침해인지 인지하지 못하는 경우가 많다는 것이다.

학부모 교권침해 유형

전국 국공립유치원교사노동조합(유치원교사노조)은 2023년 8월 3일 보도자료를 통해 다음과 같이 유치원 교권침해 실태를 제시했다. 유치원교사노조에 접수된 사례를 보면, 학부모를 통한 교육활동 침해(악성 민원)가 68%로 가장 많았으며, 다음으로는 유아에 의한 교육활동 침해(19%), 무고성 아동학대 신고(7%), 관리자의 교권침해 사안 축소·은폐 및 2차 피해(7%) 순서로 교권침해가 발생했다.

이외에도 충청남도교육청 교권침해 지원기관에 접수된 유치원 교사 상담 신청 건수를 살펴보면, 2020년엔 77건이었으나 코로나19로 사회적 격리가 격상된 이듬해엔 350건으로 5배 가까이 증가하였으며, 다시 1년 뒤엔 500건에 육박했다.

이와 관련된 각종 보도자료를 종합하여 학부모에 의한 교육활동 침해 유형을 정리했다.

유형	내용	원인
신체 가해형	지난 2019년 서울의 한 국공립유치원에서는 학부모가 밀린 원비 2만 9천 원을 100원과 10원짜리 동전 수백 개로 가져와 원장에게 집어 던짐.	장기 체납된 학비를 납부해 달라는 유치원의 요청에 화가 남.
	"무슨 유치원이 애 약도 하나 준비 안 해놔서 회사에서 일하는 사람을 오라 가라 하냐"며 약 봉투를 B씨의 얼굴에 집어 던짐.	40도 고열로 힘들어하는 유아를 걱정해 학부모에게 전화를 걸었다가 봉변 당함. 당시 제약회사 리콜 문제로 유치원에 보유하고 있던 해열제를 먹일 수 없었음.
금전 요구형	피해 학부모의 과다한 치료비 요구.	원아 간 다툼으로 인한 상처.
자기 위주형	2020년 경북의 한 유치원에서는 자기 집에 먼저 오도록 통원버스 노선을 바꾸라는 요청을 유치원에서 거부하자 "당신 같은 사람을 아동학대범이라고 한다. 교사 그만두고 싶냐?"며 막말을 서슴지 않음.	통원버스 노선.

인권 무시형	"왜 평일에 산부인과에 가나. 방학 때 출산하지 왜 이제 애를 가져서."	교사의 임신.
	"시험은 합격했나?" "아이를 안 낳아 봐서 우리 애를 왕따시킨다." "저능아 인가? 선생 자격이 없다."	상담 전화 중.
권력 과시형	"당신 어디까지 배웠어요? 내가 카이스트 경영대학 나와가지고 MBA까지 했어요." "선생님 계속 이렇게 하시면 위험해요. 되게."	아이 몸에 난 상처에 대해 학부모와 상담함.
책임 전가형	우리 아이는 사랑이 많이 필요한데 선생님 사랑이 부족해서 그런 것이라고 함.	아이가 교사에게 험한 욕설을 내뱉고, 계속 교실 밖으로 나가는 등 수업을 방해하자 문제행동을 학부모에게 전달함.

이러한 유형으로 분류되는 교권침해를 당했을 경우 교사는 정서적, 신체적 피해를 경험하게 된다. 정서적인 스트레스는 우울감과 불안감을 야기한다. 교권침해를 당했음에도 오히려 동료나 관리자에게 비난받을 경우 고립감도 느끼게 된다. 또한 교사로서의 자존감이 저하되고 직업에 대한 회의감이 들어 아이들을 지도할 의욕을 상실하게 되는 것은 물론 교사로서의 정체성마저 흔들리게 된다. 정신적 스트레스는 신체적 반응으로 연결된다. 불면증, 피로감, 식욕부진을 겪는 경우가 매우 많으며 임신한 교사가 유산하는 상황이 발생하기도 한다. 결국 교사에게만 피해가 그치지 않고 함께 상호작용하는 아이들에게 '교육의 질 저하'를 가져온다. 이를 대비하기 위해, 학부모 상담 및 다양한 요구가 이뤄지는 상황이 오면 교사로서 할 수 있는 일과 할 수 없는 일을 아래와 같이 구분하여 대처해보자.

교사로서 할 수 있는 일의 대처	교사로서 할 수 없는 일의 대처
상담 일정 확인 및 안내: 상담 일정 및 시간은 2주 전에 미리 안내하고 하루 전이나 당일에 다시 안내한다. 맞벌이, 조손 가정 등 다양한 상황을 파악하고 배려하여 가정통신문 외에 전화나 문자 등 다른 방법으로도 안내하고 재차 확인한다.	한 유아에게만 집중하여 개별 지도 할 수 없는 상황을 알린다. 반을 바꿔달라거나 특정한 친구를 지목하여 놀지 않게 해달라는 등의 학부모 요구는 받아들이기 어려우므로 요구를 무조건 수용하기보다는 유아를 위한 적절한 대안을 학부모와 함께 모색한다.

『슬기로운 학부모 소통』(홍표선·이은주·이미영·김태승, 푸른칠판, 2021) 중에서

또한 학부모와 상담하기 전에 '학부모에게 제시하는 상담 에티켓'을 제시하여 서로 존중하며 의사소통할 수 있는 방법을 함께 살핀다.

학부모님이 지켜주셔야 할 상담 에티켓

*유아의 성장에 도움이 되는 상담이 되도록 함께 노력해요

1. 정해진 시간을 지켜주세요

혹 20분의 시간이 아쉬운가요? 죄송해요. 다음 학부모님이 기다리고 계세요. 정기적인 상담 외에도 다양한 방법으로 소통하겠습니다.

2. 자녀에 대한 이야기를 들려주세요.

다른 유아와 비교하지 말고 자녀의 잘하는 점, 아쉬운 점을 교사에게 알려주시면 자녀의 성장 지원에 많은 도움이 될 것입니다.

3. 담임교사도 누군가의 소중한 가족입니다. 교사에 대한 예의를 지켜주세요.

교사의 사생활, 나이, 경력 등에 관한 질문은 교사를 불편하게 할 수도 있습니다.

『슬기로운 학부모 소통』 중에서

유치원의 현주소

유치원 교사 대부분은 유치원에서 발생하는 문제를 자신의 문제로 인식할 때가 많으며, 학부모의 요구가 당연한 권리라고 생각하는 경우도 많다.

최근 교권침해 논란이 잇따르면서 자신이 겪은 일들이 교권침해였음을 비로소 인지하기 시작했지만, 교권침해를 당했더라도 대처 방법이 미숙하여 무조건 참거나, 잘못한 것이 없어도 사과를 해야 하는 상황이 비일비재하다. 유치원 상황을 바꾸기 위해서는 어떻게 해야 할까?

소외된 생활지도권, 교권보호위원회 개정을 위한 노력

유아교육법에는 생활지도권, 교권보호위원회가 없다. 학부모 민원이 발생했을 때 원장의 적극적인 해결을 기대하기보다는 교사 혼자서 오롯이 감내해야 하는 경우가 많다.

생활지도 관련 고시의 경우 상위법인 초·중등교육법을 근거로 하는데, 해당 법의 적용 범위에 유치원 교사가 빠져 있어 별도 지침을 마련하기로 한 바 있다.

유아교육법과 동법 시행령 개정, 유치원 교권보호위원회 필수 설치를 위한 교원지위법 개정, 교권보호 종합대책 시 모든 학교급에 활용 가능한 대책 제시(유아교사노조) 방안을 통해 교육부 장관은 2023년 8월 말까지 유치원 교사를 위한 교육활동 보호 지침을 만들고, 교권침해 사안은 원장과 시도교육청이 대응하도록 조치하겠다고 밝혔다.

이를 통해『유치원 교원의 교육활동 보호를 위한 고시』해설서(2023. 9.)가 발표되었다. 유아생활지도의 범주를 유아생활지도, 조언, 상담, 주의, 훈육, 보상으로 나누었고, 교육 3주체(유아, 교원, 학부모)와 관련해 안전한 교육환경을 조성하기 위한 책무, 책임, 권리 등을 제시하고 있다. 하지만 교육지원청 지역교권보호위원회에 유치원의 교육 현장을 잘 아는 전문가가 투입되고 있지는 않는 상황이다. 유치원에서 아이들과 함께 한 경험이 있는 인사를 배치해 교육청 차원에서도 유치원 교사들을 보호할 실효성 있는 대책을 마련해야 할 것이다.

학급별 생활지원교사 부재 해결

유아는 발달 특성상 신체적 협응력, 생리적 욕구를 표출하는 능력, 사회 정서적 감정지원, 언어소통능력이 부족하다. 이 상황에서 교사가 생활지도를 혼자 감내하고 있다는 점은 모든 아동에게 교육이 고루 돌아가지 못하는 상황을 야기하기도 한다.

시도교육청별 기준 만 5세의 경우 교사 1명이 아동 20~28명까지 맡는 것을 원칙으로 하고 있다. 유치원에서는 한 아이가 교사에게 화장실에서 뒤처리를 해달라고 요청하고, 다른 아이는 교실에서 우유를 쏟았다고 울먹거리고, 또 다른 아이들은 장난감 놀이를 하다가 서로 다투며 해결해달라고 하는 일이 동시에 일어난다. 이처럼 유치원 교사는 몸이 열 개라도 모자라는 상황에서 어떤 일을 먼저 처리할지 늘 고민하게 되며, 다양한 위험 상황을 적절하게 대처해야 하는 어려움이 있다.

학급 운영의 효율성과 안전성을 위해 생활지원교사가 학급당 1명씩 포진된다면, 교사가 유아들과 긴밀하게 상호작용하며 다양한 놀이 지원을 할 수 있는 여건이 될 것이다.

과다한 업무 및 업무의 모호성, 학교별 교무전담교사 부재

초중등학교와는 달리 유치원의 경우 학급 수가 1학급에서 최대 24학급이다. 병설유치원은 1학급에서 5학급, 단설유치원은 6학급에서 24학급 규모이다. 학급 규모가 작을수록 교사에게 주어진 업무량이 많아 수업 준비의 어려움을 호소하는 경우가 많다. 6학급의 경우를 예로 들면, 교사 한 명이 교무와 인성, 연구와 안전, 정보와 학부모 관련 등 많은 업무를 담당하게 된다.

이외에도 업무 전담의 범위가 모호하여 발생하는 어려움이 많다. 유치원의 경우 보건교사가 없어서 교사가 직접 투약 관련 업무를 한다. 매시간 열을 재어달라거나 한약을 데워서 먹여달라는 요구는 물론이고, 투약 시간을 잊어버리면 교사에게 항의 전화를 하는 학부모들도 있다. 또한 학교 안전지킴이, 보조인력 채용, 유아 학비, CCTV 시설 관리, 방학 중 위탁급식 업무, 식중독, 방역처럼 수업과 관련 없는 업무도 교사가 맡는 경우가 있다. 초중등학교와 달리 유치원에는 전담교사가 없어 고스란히 교사의 업무이다. 이를 해결하기 위해서는 수업 외 업무를 지원해줄 수 있는 전담교사를 배치하여 업무를 효율적으로 개선하는 과정이 반드시 필요하다.

유치원은 아이들이 처음으로 교육을 통해 배움과 성장을 경험하는 중요한 장소이며 학교교육과 함께 아이의 미래를 만들어가는 중요한 축이다. 아이들은 유치원에서 기본적인 학습과 사회화를 겪으며 인간으로서 살아가는 핵심 가치와 사회적인 기술을 배운다. 유치원 교육의 중요성을 간과하지 않고 유치원 교사들의 전문적인 지식과 열정을 귀중한 자산으로 보아야 할 때다. 지금의 문제 상황이 유치원에서도 되풀이되지 않게, 우리는 유치원 교사들의 목소리에 귀를 기울이며 한 인격체로서 그들을 존중하고 적절한 제도적 지원을 펼쳐야 한다. 2023 여름, 학교 선생님들의 목소리가 모인 가운데 유치원 교사들의 목소리도 광장을 뜨겁게 달구었음을 우리가 잊지 않길 바란다.

특수교사라서
미안합니다

박선례
경산 대동초등학교 특수교사

외상 후 스트레스

서이초 새내기 선생님의 죽음 이후 학교교육 현장의 고통이 산발적으로 드러났다. 일부 악성 민원인에 의한 무분별한 아동학대 신고에 이어 학교와 교육청의 무책임한 직위 해제, 그 억울함 속에 철저히 홀로 버려진 고통은 이미 오래된 심각한 '외상'이었고, 교사들은 섬뜩섬뜩 찾아오는 PTSD post-traumatic stress disorder를 안고 마땅한 약도 해결될 기미도 없이 일상을 버티며 임계점을 넘긴 지 오래였다.

특수교사에 '교권침해'는 한 번도 경험하지 않은 사람을 찾기가 어려울 정도로 일상적이다. 누가 더 심하게 당했는가 하는 정도의 차이가 있을 뿐 마치 불편한 진실처럼 일일이 드러내어 말하기도 피곤한 직업적 소진을 불러온다. 교사는 불편과 고통을 드러낼수록 찾아오는 직업에 대한 회의를 마주하지 않으려고 이러한 아픔을 의도적으로 회피하기도 한다.

7월 26일, 유명 웹툰 작가의 특수교사 고소 사실이 보도되면서 특수교사를 바라보는 사회적 시선에 복잡한 고민이 생겼다. 서이초 사건이 아니었다면 과연 그 교사에게 복권이 가능했을까? 해당 사건과 함께 양천구 초등교사 폭행 사건, 대전 송촌고 칼부림 사건 등이 이어지며 상황은 급전개되었고, 언론은 해당 작가의 자녀 훈육 적정성, 교사 동의 없이 진행된 녹음 등에 초점을 맞추며 "설리번 선생님도 아동학대로 몰릴 것" 등의 보도를 내놓기도 했다. 해당 특수교사는 경기도교육청의 8월 1일자 복직 결정을 통해서 교실로 돌아갈 수 있었고 여러모로 상황은 전복되었다. 하지만 교사와 학부모인 웹툰 작가의 재판은 아직 진행형이다.

특수교사, 교권 사각지대

대전교사노동조합이 대전시 특수교사 150명을 대상으로 한 설문조사●에서 특수교육대상학생의 폭력으로 상해를 입은 경험

● 「대전교사노조, 설문조사 "특수교사 71.3%, '특수학급 아동 폭력' 참고 넘어가"」(이현식, 〈뉴스프리존〉, 2023년 5월 24일)

이 있다고 답한 교사는 전체의 83.3%였다. 하지만 교사 대부분이 교권보호 절차를 거치지 않았고, 혼자 조용히 참고 넘어 갔다(71.3%), 교권보호위원회를 신청하려 했지만 특수교육대상자라는 특수성 때문에 개최하지 못했다(4.7%)는 응답이 상당 비율을 차지했다. 교사 스스로 학생의 학습권을 보호하려고 교권보호위원회에 나서기를 회피하는 현상으로 해석할 수 있으며 교사가 교권보호를 요청하려 해도 성립되기 어려운 환경에 놓여 있다는 의미 또한 발견할 수 있다.

전국의 특수교사를 대상으로 실시한 설문조사●도 특수교사가 처한 상황을 직접적으로 보여준다. 고의성이 있는 교육활동 침해 행위를 경험한 교사의 비율이 약 67%였으며 아이들의 도전행동으로 부상을 입은 경우는 88.8%에 달했다. 하지만 교사 대부분은 치료비 지원을 받은 적이 없었고(96.5%) 중재 지원을 받지도 못했다(75.6%).

학생의 공격 행동을 저지하면 '학대'가 되고, 학생의 팔도 잡지 못하고 폭행을 당해 '상해'를 입어도 적절한 보호나 보상 조치 없이 교사 자비로 치료하고 '맞은 게 잘못'이 되는 현상은 마치 상습적인 가정 폭력에 노출된 여성들을 대하듯 특수교사를 고립

● 「전국 특수교사 10명 중 9명 "도전행동으로 인한 부상 경험"」(한치원, 〈교육플러스〉, 2023년 8월 3일)

시키고 있다.

기천이 훌쩍 넘는 영수증을 보면서 '공무상 산재 신청'을 떠올렸다가 그 절차와 미어터질 일 처리를 상상하며 접은 일, 수술 부위가 터지면 안 돼서 절대 안정을 취하라는 진단을 받고 병가를 냈던 중에도 학교로 찾아온 사회복무요원 부모의 민원을 감당하느라 교육청과 복무지도관까지 만나고 통화해가며 문제를 해결했던 일, 사실상 수업을 제외한 업무를 처리하고도 병가를 미처 끝내지도 못한 채 조기 출근 해서, 수술한 어깨에 보조기를 차고 지원인력 하나 없이 모든 일을 감당하던 상황은 유독 모난 특수교사 1명의 비극적인 삶이 아니다.

일당백 특수교사, "아이언맨으로 태어나지 못해 죄송합니다."

한국에서 특수교육대상자가 된다는 건 아직까지 녹록지 않다. 특수교사들은 특수교육을 받아야 하는 아이가 제대로 된 교육 기회를 얻도록 하기 위해 부모를 설득한다. 굉장한 노력을 소진하고도 실패하는 일이 일상적이고 '내 아이에게 장애가 있다고 말하는 당신이 무슨 교사냐' 하는 비난의 말을 듣기 일쑤다.

우리나라의 특수교육대상자는 2023년 전체 학생 수 대비 1.9%다. 국제적인 통계를 보면 특수교육대상자 비율은 적어도 5~10%정도이다. 우리나라는 장애 학생 비율이 적으니 좋다고 속없는 소리 하지 마시라. 우리나라는 사실상 장애 진단을 기초로 특수교육 지원 여부를 판단하지만 국제적으로는 개별적인 교육 지원이 필요한 학생을 특수교육대상학생으로 선정하기 때문에 진단 기준이라는 출발점부터 차이가 있다.

학령기 인구는 급격하게 감소하는 상황에서 특수교육대상학생은 지속적으로 증가하고 있고 학생들의 장애는 중증-중복화되는 추세다. 2023년 학령기 인구는 7만 4,692명이 감소했지만(2.4%) 특수교육대상학생 수는 전년 대비 6,008명이 증가(1.9%)했다. 이 중 일반 학교에 배치된 특수교육대상학생은 전년 대비 5,005명이 증가했으며 전체 특수교육대상학생 중 73.3%를 차지한다. 전년 대비 일반 학교 수가 91개교 감소했지만 통합교육을 실시하는 학교는 증가했으며 이 비율은 2023년 현재 전국 2만 605개교 중 약 85%(1만 7,654개교)가 된다. 3만 704개의 학급에 배치된 8만 467명의 특수교육대상학생은 어떻게 통합교육을 받고 있을까? 교원 1인이 맡는 학생 수(초등 평균 13.3명)를 생각하면 이 학급에서 학부모가 만족할 만한 통합교육을 목도할 수 있을지 의문이 든다. 교사의 노력이나 능력이 부족하다는 점은 이유가 될 수 없는 것이다. 통합교육의 책무성을 회피하고 싶거나 특수교육대상학생의 정당한 학습권에 무관심하다는 말은 몸이든 마음이든 학교 현장을 떠난 지 오래된 사람의 경험에

특수교사 교육활동의 어려운 점

- 불필요하게 주어지는 과중한 행정업무(29%)
- 특수학급 정원을 초과하는 학생 수(27.7%)
- 특수교육지원인력 관리의 어려움(17%)
- 학부모의 과도한 교육활동 간섭 및 민원(15.3%)
- 통합학급 교사와 협력의 어려움(7.3%)
- 기타(3.7%)

서 비롯된 무책임한 소리다.

 게다가 통계에 숨겨진 교실 상황을 좀 더 들여다보면 통합교사 1명이 특수교육대상학생을 포함한 비장애학생 20여명을 지도하고, 지속적인 증가 추세에 있는 다문화, 경계선지능 아동, 느린 학습자, ADHD 학생을 함께 살핀다는 것을 알 수 있다. 최근 통계를 반영해 초등학교 1반에 20여 명의 학생이 있다고 짐작하면 특수교육대상학생 1명, 경계선지능 학생 3명, 다문화 학생 1명, ADHD 학생 1명 등 대략 한 학급에 25%의 학생들이 중대한 개별적인 지원을 요구하게 되는 것이다. 이런 교실에서 모든 학생의 학습이 안정적으로 이루어지거나 학생들 간의 공동체 역량이 자라는 관계 중심의 통합교육이 가능할 리는 만무하다. 분신술 쓰는 손오공도 실패할 게 뻔하다.

특수학교와 특수학급 모두의 급당 정원은 언제나 상당히 '과밀'하다. 내년에 14명의 학생이 한 학교에서 통합교육을 받게 될 때, 11월에 배치된다면 3학급으로 증설이 가능하지만 12월에 배치되면 1년을 과밀학급으로 견뎌야 한다. 이렇게 무슨 소리인지 당최 이해하기도 힘든 상황이 실제로 일어나고 있는 것이다.

특수교육지원인력은 턱없이 '부족'하고, '내 아이 잘 돌봐 달라'는 학부모 민원은 끊이지 않고, 지원인력의 역량은 기대에 터무니없이 미치지 못한다. 특수교육지원 인력이 충분히 배치되어 있어도 상황은 쉽지 않다. 특수교사는 수업과 업무를 하며 이들의 근태와 인건비를 관리하고 업무 이해를 위한 교육을 진행하며 그 과정에서 이들과 갈등까지 겪어야 한다.

통합학교에 배정된 특수교사 1명이 전 학년—전 학급에 흩어진 특수교육대상학생의 개별적인 교육과정을 운영하며 개별적인 교육적 요구들을 반영한 통합학급 수업을 지원한다는 것도 현 시스템의 큰 문제라 할 수 있다. 안타깝게도 이 모든 상황은 특수교육대상학생의 학습권을 저해하는 요인이 된다. 특수교사 1명이 도저히 감당할 수 없는 수업, 학생 지도, 업무 구조는 명백한 구조적 교권침해이다.

'모두를 위한 통합교육'은 가능할까?

2023년 초, 제6차 특수교육 5개년 발전 계획이 발표되었다. 특수학교 운영 형태를 다양화하고 자녀의 장애를 발견하면 보호자에게 즉시 특수교육 정보가 안내되는 체계를 마련하는 등의 정책이 실렸으며 '모두를 위한 통합교육'에 관한 몇몇 방침이 제시되기도 했다. 초등학교와 중학교용 '학교장애인식지수'를 활용해 장애이해교육을 실시하고, 교사의 특수교육 역량을 강화해 통합교육 여건을 개선한다는 내용이다. 넓게는 장애공감문화를 정착한다는 목표도 담고 있다.

하지만 이 계획안 어디에도 부족한 특수교육 교원의 정원을 확보하는 안, 특수교육대상학생별 통합교육 지원이 가능한 구체 방안과 통합학급 급당 정원을 축소하는 학교 현장에서 활용 가능한 구체적 근거의 예시가 없다. 협력 기반 통합교육의 여건을 조성하기 위한 최소한의 장치가 되는 통합교육지원교사 배치 확보 계획도 없다. 특수교육대상학생 외에 개별적 지원을 요구하는 더 많은 학생을 지도하기 위해서 어떤 지원과 어떤 대책이 언제 어떻게 구현될지도 안갯속이다. 초등학교 1곳에 6명의 특수교육대상학생이 6개 학년 6개 반에 있다면 학년별로 전 교과 학습을 지도해야 하는데 1명의 특수교사가 이를 어떻게 지원한단 말인가? 많아야 1명인 지원인력은 학생의 생활을 지원할 뿐 학습을 지도하지는 못한다.

협력 기반 통합교육 여건을 조성하기 위해 시도교육청별 소수의 통합교육 연구-시범학교를 운영하고 있지만 고육지책이다. '1년에 지원금, 승진 점수, 이동가산점도 주니까 알아서 열심히 좋은 결과를 내라'는 인상 외에 구체적 지원 정책을 발견하기는 어렵다. 뿐만 아니라 협력 교수를 기반으로 한 교육과정적 통합교육 지원 가이드 등을 개발해서 보급하고 있지만, 정작 실제 현장에서는 외면되고 있다. 지역에서 1개 학교가 통합교육연구시범교육을 실시하고 2년간의 연구결과를 발표하면 저절로 일반화가 되는 것일까? 통합학급이 교육과정적 통합, 사회관계적 통합교육의 이상향에 닿기 위해서는 오직 교사의 노력만 필요한 것처럼 몰아가고 있다. 교사들은 안다. 최소 1~2명이 눈 딱 감고 몇 년을 피, 땀, 눈물을 갈아 견디며 해내야 모두가 사는 학교가 되고, 연구보고서 발표를 마친 뒤 허공을 울리는 박수를 받고 그 학교를 떠나는 것으로 마무리되는 현실을.

실질적인 통합교육을 위한 우리의 과제

현실을 조금이라도 변화시키기 위해서는 먼저 특수교육대상학생과 함께하는 교사들의 교권이 침해되는 실태를 적극 조사하고 대응 방안을 모색하기 위해 현장 대토론회 등을 열어 실무자들의 목소리를 귀담아 들어야 한다. 교육부 주관을 기다리는 형태가 아니라 각 학교급의 교원학습공동체를 중심으로 조사와 토론이 이뤄지고 그 결과가 전달되는 형태일 때 학교 현장에서 실효성 있는 지원안을 모색할 수 있을 것이다. 실천특수교사 연구회는 2022년에 통합교육지원교사 필요성에 대한 토론을 나눈 바 있다. 그 필요성에 기반한 전수조사를 거쳐 지역특수교육지원센터별 통합교육지원교사 배치 학교를 최소 4~5군데 만이라도 운영해야 한다. 센터 중심의 운영 체제를 이야기하는 것은 절대 아니다. 지역별 균형을 이야기하는 것이고, 현장의 필요를 중심으로 정책 지원이 이뤄져야 한다는 주장을 하는 것이다. 덧붙여 통합학급의 현황을 파악했다면 통합학급만큼은 급당 정원을 줄이고, 보조 인력이 아닌 협력 교수 인력을 학교에 배치해 학생의 실태를 알고 개별적 지도에 능숙한 특수교사와 실제적 협업을 이루도록 해야 한다. 그런 점들이 개선되고 나서야 왜 특수교육의 현실이 이렇느냐고 질책하는 사람들에게 마땅한 답을 줄 수 있으며 특수교사와 통합학급 담임교사의 교권, 특수교육대상학생·비장애 학생의 학습권이 지켜질 것이다. 교권보호의 외침 속에 특수교사들이 숨죽여 있는 진짜 이유는 특수교육대상학생들의 통합교육 학습권이 엉뚱하게 공격받을까 하는 우려 때문이다. 교권을 보호하기 위해 개별적인 어려움을 겪는 아이들이 교실 밖으로 밀러나게 둘 수 없고, 학생 지도에 관한 협의를 볼모로 교육과 보육의 경계를 넘나들며 지나친 요구를 하는 학부모에게서 교실을 보호하기 위한 궁여지책인 셈이다.

좋은 선생님, 선한 의지를 품고 아이들 곁으로 온 선생님들을 우리는 많이 잃었다. 생명을 잃었고 생명력을 잃기도 했다. 회복은 교원 힐링캠프에서 하는 것이 아니라 회복하려는 공동체의 의지에서 출발하고 그 의지 곁에서 함께 손을 잡은 동료 교원과 구체적 전략(지원대책)으로부터 싹을 낸다고 믿는다. 교육부와 시도교육청은 현장의 소리를 들어 학교 현장이 요구하는 실제적 정책을 마련해야 한다. 학부모와 교사 또한 불안을 내려놓고 따뜻하게 옆 사람과 손을 잡으며 함께 아이를 안고 마음을 모을 때 경직된 아이에게도, 학교 현장에도 새봄이 오지 않을까?

박노해 시인의 시를 끝으로 특수교육대상학생을 포함한 모든 개별적인 학습욕구를 갖고 있는 아이들이 성장하는 학교살이와 더불어 그래도 부를 수밖에 없는, 가르친다는 희망을 노래하고 맺으려 한다.

겨울이 깊으면 거기
새 봄이 걸어나온다

내가 무너지면 거기
더 큰 내가 일어선다

최선의 끝이 참된 시작이다
정직한 절망이 희망의 시작이다●

● 「길이 끝나면」(박노해, 『그러니 그대 사라지지 말아라』 수록, 2010)의 일부.

교육행정이 중심이 된 학교

천경호
성남 보평초등학교 교사

불쾌한 교육부

유·초·중·고·특 학생을 한 번도 가르쳐 본 적이 없는 정치인 출신의 교육부 장관, 수업과 생활지도로 힘들어 본 적 없는 행정고시 출신의 교육부 차관이 학교 교실을 방문할 때는 늘 수행원이 동행한다. 고시 출신 관료들이 사전에 공문을 통해 자신들이 추진하는 사업을 잘 시행하는 학교가 어디인지 살피고 찾아서 '방문'하는 형태다. 이 학교들은 전부 그들이 하고 싶은 정책에 도움이 되는 업무를 하고 있고 그에 따른 인센티브를 받고 있다. 교육부 지정 연구학교라는 승진가산점을. 따라서 교육부 장차관이 들

● 이 글은 〈교육언론 창〉에 소개된 글을 일부 수정한 것입니다.

고 싶은 말을 해준다. 교육부 장차관은 자신들이 잘하고 있다고 착각을 한다. 이들은 집회에 참가한 교사들을 조금도 이해하지 못하는 환경에서 근무를 해왔다.

수만 명의 교사들이 한자리에 모여서 감히 한 나라의 장관과 차관에게 감 놔라, 배 놔라 지시하고 기한을 정해서 바꾸라고 야단친다. 얼마나 기가 찰 노릇인가. 감히 일개 교사들 따위가. 그 감정이 고스란히 교육부 공문에 묻어 나온다. 차관이 지난 8월 27일 회의 석상에서 던진 말들에 담겨 있다. '법과 원칙에 따라 강력히 대응하겠다.' ●

교육부는 교원의 직접 징계 권한이 없다는 걸 알면서도 언론을 향해 겁박을 한다. 교사를 징계할 수 없으면 교장을, 교장을 징계할 수 없으면 교육감과 싸울 듯이. 마치 자신의 잘못을 지적당한 사람처럼 당신 내가 가만 두지 않을거야, 당신 잘못도 찾아서 지적할 거야, 라고 말하듯이. 참으로 안타깝고 부끄럽다. 높은 자리에 앉아서 최일선 교사들의 목소리를 품지 못하는 이들을 보며 교사로서 리더십 교육을 제대로 못 한 일말의 책임을 통감한다.

교실로 돌아가라

교실로 돌아가라고 한다. 그런데 생각해보자. 우리는 단 한 번도

● 「9월 4일 교사 '집단휴업' 예고에 교육부 "엄정 대응"」(신경희, 〈TV조선〉, 2023년 8월 25일)

교실을 떠난 적이 없다. 국회와 교육부에서 교육 관련 회의가 있을 때는 언제나 수업 중이었다. 교실에서 수업해야 하는 교사들을 자신들이 모이는 회의에 초대하며, 아이들을 가르쳐야 하는 수업 시간에 부른다. 한 교실을 책임져야 하는 교사가 자신들의 필요에 의해 교실을 떠나게 해놓고, 학교 구성원의 다수가 동의하여 시행하는 학교장 재량휴업일은 위법이라며 교실로 돌아가라고 한다. 학교장 재량휴업일을 실시한다고 수업이 멈추고 수업일이 줄어드는 것이 아니다. 다음 날 수업을 하고 방학일이 미뤄질 뿐이다.

이들은 왜 병가나 조퇴 혹은 재량휴업일로 공교육이 멈춘다고 말할까? 한 번도 교단에 서본 적이 없기 때문이다. 동료 교사의 죽음을 뉴스로 접하고도 다음 날 웃으며 아이들 앞에 서서 수업을 해본 적이 없기 때문이다. 학교 급식실 조리종사원의 파업에도 교사들은 대체급식을 마련하며 교실을 지켰고, 돌봄 공무직 파업에도 돌봄교실을 지키며 학교를 지켜왔다. 파업권이 없는 교사들이 있어 지금껏 단 한 번도 공교육이 멈춘 적 없고, 교사들이 교실을 떠난 적 없다는 걸 모르는 이유는 이들이 전부 교실에서 아이들을 가르쳐본 경험이 없기 때문이다. 아이들을 가르쳐본 적이 없는 이들이 교육의 가장 큰 권한을 갖고 있는 데다 듣고 싶은 말만 해주는 사람들에 둘러싸여 있으니 자신들의 권한을 바탕으로 학교 현장을 엉망진창으로 만들고 있는 것이다.

'할 수 있다'와 '해야 한다'의 차이

내 교실만 잘 가르치면 사회가 알아서 해줄 거라는 믿음으로 살아갈 때는 몰랐다. 글의 뉘앙스가 삶에 어떤 영향을 미치는지. 권한이 있는 자들에게 '할 수 있다'는 '안 한다'는 뜻이었고, 권한이 없는 사람들에게 '할 수 있다'는 '해야 한다'는 뜻이었다. 5일 이상 교외 체험학습 시 학생의 안전을 확인하라는 권고 조치는 의무적으로 해야 하는 지침으로 여겨서 교사들에게 꼭 해야 하는 강제 조항으로 다가왔다. 반면 권한을 가진 이들은 '해야 한다'는 문구가 적히지 않으면 아무것도 하지 않았다. 이들이 '할 수 있다'는 문구에 움직일 때는 언제나 사건이 커진 이후일 뿐이었다. 교육기본법 제15조 제1항 ① "교원은 상호 협동하여 교육의 진흥과 문화의 창달에 노력하며, 교원의 경제적·사회적 지위를 향상시키기 위하여 각 지방자치단체와 중앙에 교원단체를 조직할 수 있다."는 1997년 12월 13일 제정되었지만 만 26년이 다 되어가는 지금도 '교원단체설립에 관한 시행령'은 여전히 제정되지 않고 있다. 말이란 이토록 서 있는 자리에 따라 다르게 해석된다. 교사들이 교육부가 내놓는 정책에 실효성 없다고 여기는 이유는 권한을 가진 이들의 책임을 드러내는 조항이 없거나 있다 해도

'할 수 있다'이지 '해야 한다'가 아니기 때문이다. 결국 권한을 가진 이들이 '무책임'해도 될 길을 만들어 놓은 채 면피할 궁리만 한다는 뜻이니까.

교원단체는 협의 주체가 아니라고 여기는 교육부

교권보호 4자 협의체. 여야를 포함한 국회와 교육부 그리고 시도교육감 협의회. 교육부에서는 이들을 교권보호 4자 협의체라고 부른다. 놀랍지만 이들은 교육의 주체가 아니다. 교실을 떠난 적이 없고 교육을 멈춘 적이 없는 교사들을 각종 업무와 민원에 시달리게 하여 교실에서 떠나게 만든 이들이 모여서 교권보호 협의를 한다고 한다. 이들은 몇 달 동안 전국의 교사들이 주말마다 새벽부터 일어나 버스를 타고 단 두 시간의 집회에 참가한 후 자정이 되어서야 귀가하는 노고를 마다하지 않는 이유를 모른다.

6차 집회의 자유 발언 중 소담이 선생님의 이야기를 잠깐 들어보자.

"현장체험학습에서 학생이 다치거나 물건을 잃어버리면 우리는 또다시 질문을 받아야만 합니다. 선생님인 우리가 무엇을 안 했습니까? 출발하기 전 학교에서 수없이 반복했을, 아이들도 줄줄이 외우고 있을 안전교육이 부족했던 걸까요? 식중독이나 교통

사고, 시설 안전에서 날씨에 이르기까지(이제 버스까지요) 지금의 교육 현장에서 교사의 책임이 아닌 것이 있긴 합니까?
우리 사회에 무슨 문제가 생길 때마다 너나없이 '학교는 무엇을 했느냐'고 묻습니다. 그리고 앞다투어 '학교에서 이런 것을 해야 한다'고 말합니다. 안전, 인성, 진로, 민주시민, 인권, 다문화, 통일, 독도, 경제, 환경교육에 이제는 마약과 도박까지. 쏟아지는 각종 지침과 요구, 무한한 책임의 굴레에서 선생님들은 그래도 내가 맡은 아이들의 일이다 하며 묵묵히 감내하였습니다."

학교에서 가르치지 않아 생긴 사건들이 아님에도 한 번도 아이들을 가르쳐본 적 없는 이들의 판단으로 학교에 강요되어 온 수많은 '○○교육'과 의무 연수들 때문에 학교가 얼마나 피폐해져왔는지 이들은 모른다. '국가교육과정'이란 무거운 이름조차도, 어느 날 갑자기 생긴 특별법이 강제하는 수업으로 국가교육과정에서 해야 할 수업이 흔들리는 걸 막을 수는 없다. 국가교육과정이 정해놓은 창체시간을 법령이 정해놓은 각종 의무 특별수업이 넘어서며 학교 자율교육과정을 침해한 지 오래라는 걸 이들은 조금도 모른다.

학교폭력이란 업무가 기피 업무가 되었다면 학교폭력 업무를 담당하는 교원과 장학사들을 대상으로 설문을 하고 의견을 청

취하고 대안을 들어보아야 함에도, 그저 처벌만 주장하는, 학교의 사정을 모르거나 해당 업무를 모르는 이들의 목소리에만 귀를 기울인다. 도대체 왜 그럴까? 그들은 교원을 정책 협의의 대상으로 여기지 않기 때문이다.

멈추면 사라지는 것들

이제 그만 교실로 돌아가라고 한다. 웃기는 일이다. 당신들이 말하지 않아도 교사들은 학교에 가야 한다. 정년까지 앞으로도 한참 남은 교사들은 날마다 교실로 가야 한다. 그러나 교육부 장관이나 교육부 차관은 아니다. 이들의 임기는 고작해야 앞으로 최대 3년 정도다. 그 후에 새로운 장관이나 차관이 임명될 것이다. 교육부 장관으로 임명되기 전의 그냥 동네 아저씨로 돌아가는 것이다. 그럼에도 왜 이들은 초중등교육법 시행령 제47조 제2항 "학교의 장은 비상재해나 그 밖의 급박한 사정이 발생한 때에는 임시휴업을 할 수 있다."는 조항을 자의적으로 판단하여 형사처벌을 하겠다고 집회를 멈추라면서 정년이 한참 남은 현장교사들을 겁박하는 것일까?

집회가 아니고서는 언론이 교사들의 이야기를 들어줄 리 없기 때문이다. 언론을 통해 학교와 교실의 이야기가 사회에 알려지는 일을 막을 수 있기 때문이다. 학교와 교실의 이야기가 사회에 알려지지 않아야 자신들의 교육 전문성에 대한 밑천이 드러나지 않기 때문이다. 그들이 얼마나 학교와 교실을 모르는 사람들인지, 교육부 장관과 차관으로서의 자질이 부족한 사람인지 사람들이 모르기 때문이다.

학교와 교실을 모르는 이들을 장관과 차관에 임명하는 것이 공교육을 망가뜨리는 일은 아니다. 그들도 충분히 장관과 차관으로서의 역량을 발휘할 수 있다. 방법은 단 한 가지다. 학교와 교실의 이야기를 경청하는 것이다. 그러나 그들은 듣고 싶은 이야기만 듣는다. 자신들의 입맛에 맞는 이야기를 하는 단체하고만 테이블을 마주하기 때문이다.

역지사지와 경청. 교육에서 가장 중요하게 여기는 두 가지 도덕성 함양 방법이다. 이 두 가지 중 무엇이 인간의 공감 능력을 신장시키고 타인에 대한 이해를 높일까? 학자들의 실험 결과는 우리의 예측과 다르지 않다. 경청이다. 타인의 삶을 모른 채 짐작만으로 이해할 가능성은 약 13%에 불과했다. 그렇다면 경청은? 99%에 달했다. 서이초 사건 초기 실천교육교사모임 회장으로서 교육부와 6개 교원단체가 함께 꾸리는 상설 협의체를 주장했던 이유가 여기에 있다.

집회가 멈추면 국회도 교육부도 사회도 교실과 학교의 이야기를 듣지 않는다. 학교와 교실의 이야기를 듣지 않으면 학교와 교실을 모르는 이들에 의해 학교와 교실이 더더욱 좌지우지될 것이다. 그것을 알기에 집회를 멈추지 못했던 것이다. 그렇다면 국회와 교육부는 어떻게 해야 할까?

연대, 그 변화의 시작

현장에 답이 있다. 하지만 현장은 시시각각 변화한다. 국회 여야 교육위원회와 교육부 그리고 국가교육위원회는 6개 교원단체와 정기적인 만남을 가져야 한다. 특히 국가교육위원회는 올해 정책연구용역 과제로 공모한 중장기 국가교육과정 정책 방향 탐색 연구 및 국가교육위원회 국가교육과정 개발 체제 연구처럼 장기적 관점의 교육개혁 방향에 관하여 현장의 고민을 듣고 함께 해결책을 마련해야 한다. 해마다 바뀌는 교육부와 교육청 업무 담당자의 이야기보다 현장에서 업무를 추진하는 교사들의 이야기를 들어야 한다. 어떻게 하면 현장 친화적인 학교 중심의 시스템을 만들 수 있는지 머리를 맞대고 의견을 나누어야 한다. 깊이 고민하고 오래 사색하며 학교 중심의 정책, 학교의 필요에 의한 교육을 할 수 있는 환경을 만들어야 한다. 정당 출신 정치인이 자신을 선출해준 이익집단의 이익을 고려하여 만든 정책을 추진하는 데 필요한 조직을 꾸리지 못하게 해야 한다. 학교급에 따라 각자의 학교 환경에 필요한 업무를 할 수 있는 유연한 교육행정조직으로 편성해야 한다. 6개 학급은 6개 학급에 맞는 학교 업무를, 60개 학급은 60개 학급에 맞는 업무를 할 수 있는 교육행정이 이뤄지도록 조직 개편이 시급하다.

  전국의 교사들이 매주 주말마다 한자리에 모인 이유. 그것은 학교의 필요에 의한 교육을 지원해줄 사회를 만드는 것이라고 생각한다. 글을 못 읽는 학생을 돕기 위해 난독증을 공부하는 교사를 지원하는 사회, 자폐를 가진 아이의 통합교육을 돕기 위해 자폐를 공부하는 교사를 지원하는 교육청, ADHD를 가진 아이도 자연스레 학습에 임할 수 있는 환경을 만들기 위해 노력하는 교사를 지원하는 교육부. 그 모든 지원이 가능한 법과 제도를 만드는 국회. 그것이 우리가 바라는 꿈이요 희망이라고 생각한다. 우리의 꿈이, 우리의 희망이 결코 우리들만의 꿈이 아니고 우리들만의 희망이 아니라는 것을 말하기 위해 전국의 교사들이 모였다고 생각한다. 배운다는 건 꿈을 꾸는 것이고, 가르친다는 건 희망을 노래하는 것이라는 간디학교의 교가를 매 집회마다 제창했던 이유가 바로 이 점에 있을 테니까. 그것이 교육행정 중심의 학교교육이 가져온 폐해를 해결하는 유일한 방법일 테니까.

교권,
법을 알아야 지킨다

정성식
익산 이리고현초등학교 교사

법적 정의가 없는 '교권'

교권이 이렇게 화두인 적은 없었다. 교육계는 물론이고 정치권까지 나서서 교권을 강화해야 한다며 한목소리를 내고 있다. 국회도 이와 같은 여론을 반영하여 2023년 9월 21일 열린 제410회 국회(정기회) 제8차 본회의에서 이른바 '교권 4법'이라 불린 '교원의 지위 향상 및 교육활동 보호를 위한 특별법 일부개정법률안' '교육기본법 일부개정법률안' '유아교육법 일부개정법률안' '초·중등교육법 일부개정법률안'을 큰 쟁점 없이 통과시켰다.

그런데 통과된 법률을 보더라도 교권이 무엇인지에 대한 법적 정의가 없다. 이 법뿐만 아니라 대한민국 모든 법령을 살펴보더라도 교권에 대한 법적 정의는 없다. 교권에 대한 법적 정의가 없음에도 교권이라는 말은 법 조문에 다음과 같이 쓰이고 있다.

'교권'이 쓰인 법 조문

법령명	조항(조호)	조문
교육공무원법	제43조 (교권의 존중과 신분보장)	① 교권(敎權)은 존중되어야 하며, 교원은 그 전문적 지위나 신분에 영향을 미치는 부당한 간섭을 받지 아니한다.
교원의 지위 향상 및 교육활동 보호를 위한 특별법	제15조 (교육활동 침해 행위에 대한 조치)	① … 교육활동 침해 행위로 피해를 입은 교원의 치유와 교권 회복에 필요한 조치(이하 "보호조치"라 한다)를 하여야 한다.
교원의 지위 향상 및 교육활동 보호를 위한 특별법 시행령	제18조 (교육활동 침해 학생에 대한 조치 등)	⑥ 고등학교 이하 각급학교의 장이 제1항 각 호의 어느 하나에 해당하는 조치를 할 때에는 … 학교교권보호위원회의 심의를 거쳐야 한다.
교원 지위 향상을 위한 교섭·협의에 관한 규정	제3조 (교섭·협의 사항의 범위)	5. 교권 신장에 관한 사항
초·중등교육법 시행령	제59조의3 (회의록 작성 및 공개)	② … 다음 각 호의 어느 하나에 해당하는 사항은 운영위원회의 의결로 공개하지 아니할 수 있다. 3. 학생 교육 또는 교권보호를 위하여 공개하기에 적당하지 아니하다고 인정하는 사항
유아교육법 시행령	제22조의4 (회의록의 작성 및 공개)	② … 다음 각 호의 어느 하나에 해당하는 사항은 해당 운영위원회의 의결로 공개하지 않을 수 있다. 3. 유아교육 또는 교권보호를 위하여 공개하기에 적당하지 아니한 사항

교권의 함축적 의미

법 조문에 나타난 교권은 어떤 의미일까? 이를 구체적으로 알아보기 위하여 교권의 주체를 교원과 교육으로 나누어 살펴볼 필요가 있다.

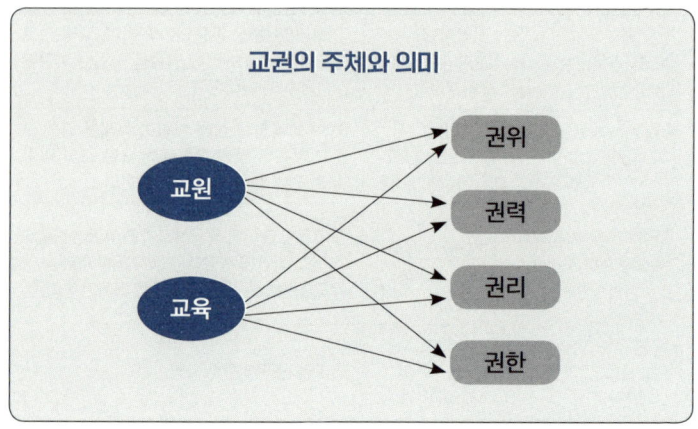

먼저 '교원'을 주체로 하여 그 뒤에 '권위' '권력' '권리' '권한'을 붙여보자. '교원의 권위' '교원의 권력' '교원의 권리' '교원의 권한'으로 쓰일 수 있다는 것을 알 수 있다. '교육'을 주체로 하여 같은 말을 붙여보니 '교육의 권위' '교육의 권력' '교육의 권리' '교육의 권한'으로 쓰인다는 것도 알 수 있다. 이렇듯 교권이라는 말은 상황에 따라 폭넓게 쓰이고 있기 때문에 교권을 단정 지어 법적으로 정의할 수 없는 현실이다. 그러므로 교권은 교육 전반에 걸쳐 '교육권'·'노동권'·'시민권' 등의 함축적인 의미로 해석해야 한다.

'교권'이 포함하는 의미

교권	내포된 의미	법으로 본 교권	교권의 실체
교육권	학생의 학습권을 실현하기 위한 가르칠 권리	「대한민국헌법」제31조 제1항, 제4항 ·"모든 국민은 능력에 따라 균등하게 교육을 받을 권리를 가진다." ·"교육의 자주성·전문성·정치적 중립성 및 대학의 자율성은 법률이 정하는 바에 의하여 보장된다." 「초·중등교육법」제20조 제4항 ·"교사는 법령에서 정하는 바에 따라 학생을 교육한다."	- 수업권 - 평가권 - 교육과정 재구성권 - 수업방법 선택권 - 전문직으로 존중받을 권리 - 교육활동을 위한 질서유지권 - 교육활동에 간섭받지 않을 권리
노동권	보편적 노동기준에 따라 노동할 권리	「교육기본법」제14조 제1항 ·"학교교육에서 교원의 전문성은 존중되며, 교원의 경제적·사회적 지위는 우대되고 그 신분은 보장된다."	- 보수에서 우대받을 권리 - 안전하고 적절한 환경에서 근무할 권리 - 직장 내에서 차별이나 위협을 받지 않을 권리 - 신분상 부당한 지배나 통제를 받지 않을 권리 - 업무와 관련하여 부당한 간섭을 받지 않을 권리
시민권	헌법이 보장한 기본권을 향유할 권리	「대한민국헌법」제7조 제2항 ·"공무원의 신분과 정치적 중립성은 법률이 정하는 바에 의하여 보장된다." 「대한민국헌법」제21조 제1항 ·"모든 국민은 언론·출판의 자유와 집회·결사의 자유를 가진다."	- 부당한 정치적 압박을 받지 않을 권리 - 언론과 출판의 자유 - 노동조합을 만들어 활동할 권리 - 제한 없이 공직에 입후보하거나 취임할 권리 - 정치적 의사를 표현할 권리

교권을 대하는 자세

교권 관련 법 조문과 교권의 함축적인 의미까지 살펴보고 나면 교권의 의미가 상당히 크고 깊다는 것을 알 수 있다. 따라서 교육 당사가 교권을 마주할 때는 섬세한 주의가 필요하다.

첫째, 교권은 보편적인 인권의 개념으로 보아야 한다. 최근 문제가 된, 교사의 인권을 처참하게 유린한 악성 민원 사례들을 보며 교사들뿐만 아니라 많은 시민이 함께 분노했다. 교권은 가장 먼저 교사의 인권적인 측면으로 바라보아야 한다. 그럼에도 교육부는 교권침해가 사회적으로 논란이 되자 학생인권조례가 주된 원인이라는 진단을 내놓았다. 여기에 정치권이 가세하면서 교권과 학생인권의 대립 구도를 양산하고 있다.

교권과 학생인권의 대립은 과거 그릇된 경험에서 비롯된 착시 현상이다. 따져보자. 자녀의 인권이 신장되면 부모의 인권이 추락하는가? 교사의 인권이 신장되면 교육부 장관의 인권이 추락하는가? 그럴 리가 없다. 구성원의 인권은 상호존중해야 동반 성장한다. 교권과 학생인권은 시소가 아니다. 새의 양 날개와 같이 동일한 모습으로 마주보며 짝을 이루는 대칭 상태로 교권을 바라보는 눈이 필요하다. 그러므로 교권 추락의 원인을, 최근 신장되고 있는 학생인권에서 찾는 것은 과도한 피해 의식이다.

나아가 교권에 대한 과잉 해석도 경계해야 한다. 교권은 학생의 학습권을 실현하기 위한 수단적 권리이므로 학생의 인권을 침해하는 교권은 성립할 수 없다. 마찬가지로 교권을 침해하는 학생인권도 성립할 수 없다. 반드시 헌법이 밝힌 보편적인 인권의 개념으로 교권을 바라보아야 한다.

둘째, 교권은 적법한 교육활동시간에 이루어지는 적법한 교육활동에 한하여 보호받는다. 교권의 법적 정의는 없지만 교육활동에 대한 법적 정의는 있다. 그런데 이 정의도 「교육기본법」이나 「초·중등교육법」에 있지 않고 「학교안전사고 예방 및 보상에 관한 법률」에 있다. 2023년 9월 1일자로 고시된 「교원의 학생생활지도에 관한 고시」 제2조 제3호에서도 교육활동의 정의를 따로 밝히지 않고 「학교안전사고 예방 및 보상에 관한 법률」 제2조 제4호에 따른 활동'으로 밝히고 있다. 학교안전법은 학교안전사고 발생 시 보상을 목적으로 만들어진 법인데 여기에 교육활동에 대한 법적 정의가 있는 것부터 바로잡을 필요가 있다. 어쨌든 현 상황에서 교권은 적법한 교육활동 시간에 이루어지는 적법한 교육활동으로 이해하는 것이 안전하다. 교사의 선의로 이루어진 활동이라 하더라도 법적인 교육활동에 들어가지 않으면 보호를 받지 못하기 때문이다. 법적인 교육활동에 대해서는 「학교안전사고 예방 및 보상에 관한 법률」 제2조 제4호에서 다음과 같이 밝히고 있다.

> **「학교안전사고 예방 및 보상에 관한 법률」 제2조(정의)**
>
> 4. "교육활동"이라 함은 다음 각 목의 어느 하나에 해당하는 활동을 말한다.
>   가. 학교의 교육과정 또는 학교의 장(이하 "학교장"이라 한다)이 정하는 교육계획 및 교육방침에 따라 학교의 안팎에서 학교장의 관리·감독하에 행하여지는 수업·특별활동·재량활동·과외활동·수련활동·수학여행 등 현장체험활동 또는 체육대회 등의 활동
>   나. 등·하교 및 학교장이 인정하는 각종 행사 또는 대회 등에 참가하여 행하는 활동
>   다. 그 밖에 대통령령으로 정하는 시간 중의 활동으로서 가목 및 나목과 관련된 활동

「학교안전사고 예방 및 보상에 관한 법률」 제2조 제4호 다목에서 "대통령령이 정하는 시간"에 주목해야 한다. 그 시간에 벌어진 활동을 법적인 교육활동으로 보기 때문이다. 이것을 이해하기 위해 같은 법 시행령을 살펴볼 필요가 있다.

> **「학교안전사고 예방 및 보상에 관한 법률 시행령」**
>
> 제2조(교육활동과 관련된 시간) 「학교안전사고 예방 및 보상에 관한 법률」(이하 "법"이라 한다) 제2조 제4호 다목에서 "대통령령이 정하는 시간"이란 다음 각 호의 어느 하나에 해당하는 시간을 말한다. 〈개정 2012. 3. 30.〉
>
> 1. 통상적인 경로 및 방법에 의한 등·하교 시간
> 2. 휴식시간 및 교육활동 전후의 통상적인 학교체류시간
> 3. 학교의 장(이하 "학교장"이라 한다)의 지시에 의하여 학교에 있는 시간

> 4. 학교장이 인정하는 직업체험, 직장견학 및 현장실습 등의 시간
> 5. 기숙사에서 생활하는 시간
> 6. 학교 외의 장소에서 교육활동이 실시될 경우 집합 및 해산 장소와 집 또는 기숙사 간의 합리적 경로와 방법에 의한 왕복 시간

셋째, 교사가 교육법에 눈을 떠야 교권을 지킬 수 있다.

지금까지 교권과 관련하여 「교원의 지위 향상 및 교육활동 보호를 위한 특별법」, 「교원의 지위 향상 및 교육활동 보호를 위한 특별법 시행령」, 「학교안전사고 예방 및 보상에 관한 법률」, 「학교안전사고 예방 및 보상에 관한 법률 시행령」, 「학교안전사고 예방 및 보상에 관한 법률 시행규칙」, 「교육활동 침해 행위 고시」, 「교원의 학생생활지도에 관한 고시」 등의 법령을 예로 들었지만 더 깊숙하게 교권을 이해하기 위해서는 헌법, 교육기본법, 초·중등교육법은 물론이고 교육 관련 법령 전반에 대해 교사가 눈을 떠야 한다. 귀찮고 어려운 일이다. 그러나 누가 대신 해줄 수도 없는 일이다. 교권을 지키고 싶다면 다음 법언을 되새겨보기 바란다.

> 법은 권리 위에 잠자는 자를 보호하지 않는다.
> Law assists the wakeful, not the sleeping.

진정한 의미의 '교권'이 지켜진다면

교실에서 '교권'의 의미가 실현된다면 교육당사자 모두 인권에 더 민감해질 것이다. 인권에 민감해질수록 교권침해는 현저하게 줄어들 것이다. 만약 교권침해가 있더라도 관련 법 조항을 들어 단호하게 대처하며 피해를 최소화할 것이다. 교사는 교장의 명에 복종하는 존재가 아니라 이 교육활동이 직무상 정당한 명령인지를 따져가며 전념하는 존재가 될 것이다. 교육의 자주성·전문성·정치적 중립성이 법률이 정하는 바에 따라 보장받아야 한다는 것(대한민국헌법 제31조 제4항)을 알게 될 것이다. 교육인 것과 교육이 아닌 것을 구분하는 혜안을 갖게 될 것이다. 법을 아는 교사를 공문 한 장과 교장의 명으로 다루기란 결코 호락호락하지 않을 것이다. 자, 이래도 '법 없이도 살 사람'이라는 말에 기분 좋아라 하며 '법 모르는 사람'으로 계속 살 것인가?

교육정책, 이제는 다양한 주체들의 학습이 필요하다

김승호
청주 서원고등학교 교사

교육 문제, 백 가지 약이 무효?

2022년 12월 15일, 윤석열 대통령은 국민과 나누는 대화 형식으로 제1차 국정과제 점검회의를 가졌다. 이날 회의 주제 중에는 이른바 '3대 개혁과제'로 꼽히는 연금 노동 교육 개혁이 있었다. 국민 패널 100명을 포함한 150여 명이 회의에 참석해 질문하고 대통령 또는 장관이 답을 하였다.

이날 있었던 대화 중에 가장 인상 깊었던 것은 "선거 때 교육 얘기는 안 하는 게 도움이 된다고 하더라."라는 윤석열 대통령의 말이었다. 뭘 해도 해결이 쉽지 않으니 가급적이면 언급하지 않는 쪽이 좋다는 뜻이었다. 오늘날의 교육 과제들이, 해결해야 할 정책 의제에서 뒷전으로 밀리는 것을 가장 잘 설명해 주는 장면이었다.

교육 문제는 가급적 논란되지 않는 것이 정부 입장에서는 바람직하다. 잘못 건드렸다가 큰일이 발생한다. 예컨대 윤석열 정부에서 추진했던 '만 5세 입학'은 교육부 장관을 자진 사퇴 시켰다. 문재인 정부가 추진했던 자사고와 외고 폐지 정책은 오히려 진보 정치인들의 자녀들이 자사고나 외고에 진학했다는 이야기와 함께 '내로남불' 논란을 낳았다. 정부 고위 핵심 관계자들이 학폭에 연루되면 대대적으로 정책이 바뀌고, 대입 비리에 연관 있을 경우 다음 선거에 영향을 줄 정도다. 이렇듯 무슨 일이 발생할지 모르기 때문에 모두의 동의를 얻은 최대공약수만 추진하는 것이 합리적이고 바람직한 일이 된다.

대통령이 공약한 사업이라도 쉽게 추진되지 않는다. 문재인 대통령은 후보 시절 기초학력책임제를 약속했다. 이는 더불어민주당의 총선공약이기도 하였다. 그러나 '기초학력보장법'은 문재인 정부 초기인 제20대 국회가 시작할 때 발의되었다가 통과되지 못하고 문재인 정부 말미인 제21대 국회에서야 통과되었다. 자사고와 외고 폐지, 고교학점제 모두 마찬가지다. 정부의 공약이더라도 추진이 쉽지 않은 것이 교육 문제다. 이러한 점을 고려할 때 교권 4법의 국회 통과는 굉장히 빠른 편이다.

교권 4법 통과, 이후가 중요한 이유

법은 매우 중요하다. 그러나 법이 생겼다고 해서 문제가 해결되는 것은 아니다. 법은 일반적이고 추상적인 것을 규정한다. 구체적이고 실질적인 다툼은 학교 현장에서 저마다의 상황으로 발생한다. 그래서 '문제를 지적'하는 것과 '대안을 생성'하는 것은 다른 영역이다. 일반적으로 정책과 관련되어 법이 생성되는 과정은 다음과 같다.

법 제정 과정

① 정책 의제 → ② 정책 대안 선택 → ③ 정책(안) 성안 → ④ 법률안 준비 → ⑤ 법률 제출 → ⑥ 통과 → ⑦ 의결 → ⑧ 시행령이나 고시 등으로 구체화

문제를 제기하는 것은 ① 정책 의제를 설정하는 과정이다. 즉, 학교 현장에 이러이러한 문제가 있으니 들어달라는 의제를 생성하는 것이다. 일반적으로 담론을 형성하는 과정이기도 하다. 신문 사설, 칼럼, 방송사 주관 토론회, 학술토론회 등이 이에 해당하고 교육단체의 집단행동이나 성명서 등의 의견을 피력하는 일도 포함된다. 이렇게 제기된 문제를 정책결정자가 의제화한

다. 법으로 따지면, 국회의원들이 듣고 이를 법으로 해결해야겠다는 마음을 먹게 하는 것이다. 다시 말하면 모든 요구가 의제가 되는 것은 아니다.

 의제가 되었다고 한다면 그다음 단계는 ② 정책 대안을 선택하는 것이다. 문제 지적이 ①이라면 대안을 생성하는 것부터는 ②의 문제라고 할 수 있다. 따라서 의제화하는 것과 대안을 생성하는 것은 다른 영역이다. 이때, 정책담당자들은 문제를 제기했던 측의 이야기를 듣게 된다. 그리고 그들이 제시한 대안이 대안으로 가능한지 판단하고 이를 채택하는 과정을 겪는다. 그러나 하나의 문제에 하나의 답만 있는 것은 아니다. '누구'의 얘기를 듣느냐에 따라 대안이 달라질 수 있다.

 예를 들어 교사들이 '교사의 얘기를 들어달라'고 할 때, 이 하나의 문장은 실제로 두 가지 의미를 띤다. 하나는 문제 상황을 인식해달라는 것, 다른 하나는 대안으로서 교사의 얘기를 채택해달라는 것이다. 학교 현장의 문제를 인식하기 위해 현장의 얘기를 듣는 것은 너무 당연해 보이는데, 왜 실제로는 이 당연한 얘기가 반영되지 않는 것일까?

 이는 현장 문제를 얘기할 수 있는 주체의 문제로 이어진다. 다음 중 학교 현장의 문제를 가장 잘 얘기할 수 있는 존재는 누구일까? 여러분이 국정감사를 하는 교육위 국회의원이라고 생각해보자. 교사, 교장, 교감, 행정실 공무원, 공무직, 학부모, 학생 중에서 누구의 얘기를 들으면 학교 현장의 문제가 가장 잘 나타날까?

질문이 너무 추상적이라면 좀 더 구체적으로 학교폭력을 예로 들어보자. 학교폭력과 관계된 어떤 심각한 사건이 발생했고 사회적 여론이 좋지 않다고 할 때, 국정감사를 하는 교육위 국회의원은 국정감사장에 누구를 불러서 얘기를 들으면 좋을까? 교사, 교장, 교감, 가해 학생과 그 학부모, 피해 학생과 그 학부모, 학교폭력 업무를 맡은 장학사, 학교폭력 담당 변호사 등.

정답은 없다. 다만 어느 사람의 얘기를 듣느냐에 따라 문제에 대한 인식이 달라진다. 피해 학생과 그 학부모 얘기를 듣는다면 피해자 보호에 대한 대책이 논의될 것이다. 학교폭력 업무를 맡은 장학사를 부른다면 교육청이 가지고 있는 사례나 통계 위주의 접근이 될 것이다. 교장, 교감은 관리자가 학교에서 어떤 예방 교육을 하고 있는지를 확인해줄 것이다.

교사의 얘기를 들으면 어떤 차별성이 있을까? 차별성이 없다는 것이 아니다. 일반적으로 교사가 문제 상황 발생 시 의견 수렴 과정에서 뒤로 밀리는 이유를 말한 것이다. 당사자에서 교사는 밀려난다. 그렇다면 대안을 만드는 과정에서는 어떨까? 그 역시 우선순위에서 밀려나기 쉽다.

들어달라는 것이 아니라 듣게 해야 한다. 교사의 얘기를 듣게 하려면, 차별성이 있거나 들어야만 하는 이유가 있어야 한다. 그간 교사들은 들어야만 하는 이유를 '교사는 현장 전문가'라는 프레임을 활용해서 설득하였다. 그러나 현장이라는 것은 앞서 학폭의 사례처럼 실제 발생한 사태에 대해 여러 전문가가 존재하는 곳일 수 있다. 따라서 교사가 현장 전문가라는 프레임을 계속해서 쓰려면, 현장을 '가장 잘' 설명할 수 있어야 한다.

정책집행자인 교사의 목소리가 단단해지려면

전문가로서 교사가 현장을 가장 잘 설명하려면 어떠해야 할까? 이에 대해서는 여러 해법이 있을 수 있다. 그러나 두 가지로 구분하자면 '깊이'와 '넓이'다. 첫째, 깊이는 학교 현장에 실행되는 정책에 대한 이해에서 나온다. 일반적인 정책실행 과정은 다음과 같다.

> **정책실행과정**
> ① 문제 발생 → ② 원인 파악 → ③ 대안 제시 → ④ 대안 채택 → ⑤ 실행 → ⑥ 환류

교육의 질은 교사의 질을 넘지 못한다는 말이 있듯이 교사는 교육의 주체이며 동시에 교육정책의 집행자이다. 따라서 교육

정책 실패의 원인은 교원의 삶과 유리된 정책에 있으며, 정책을 마련하고 실행하는 측면에서 교원의 주체성이 중요해졌다. 교육정책에서 교사는 정책집행자로서 재량행위를 발휘하고 그에 따라 교육정책의 성패가 갈리리기도 한다. 이러한 점들을 감안할 때 교사의 노력은 교육정책의 숨은 비용이라고 할 수 있다. 교사들의 문제 제기는 정책을 잘 실행하기 위함이지만, 실제로 정책은 좋았는데 실행이 제대로 되지 않았다며 정책 실패의 원인으로만 치부되고 마는 경우가 많다.

교사가 정책에서 목소리를 내기 위해서는 정책집행자로서 영향력을 확보해야 한다. 이를 위해서는 정책을 공부해야 한다. 과거의 교육정책을 학습하고 어떤 이유에서 정책이 형성되었고 어떤 과정에서 정책이 성공 또는 실패하였는지 알 수 있어야 한다. 경험적이고 인상 비평적인 것에서 벗어나, 실제 이뤄지는 논의와 현장을 서술하는 방식이 어떤지 학습하는 것이다. 그리고 교사들의 담론이 그 논의들의 어느 즈음에 위치하는지를 명확히 파악할 필요가 있다. 단순히 안 되는 이유를 말하는 것이 아니라, 어떤 식으로 수정할 때 더 나은 대안을 만들 수 있을지를 함께 고민하고 다른 주체들의 대안과 경쟁이 붙을 수 있도록 해야 한다. 그 과정에서 교육정책은 더 현장 친화적으로 다듬어질 것이다. 이는 당사자주의를 넘어선 것이라고 말할 수 있다.

둘째는 '넓이'다. 넓이란 다양한 의견을 품는 것을 말한다. 이를 위해서는 소통의 중요성을 강조할 수밖에 없다. 공론장으로서의 역할을 잘하는 학교가 있다고 예를 들어보자. 이 학교에서는 다양한 주체들이 자신의 의견을 피력하고 이 과정에서 공동선을 위배하는 주장들은 걸러지는 장치가 마련될 것이다. 이 학교의 교사는 학생, 학부모의 의견을 충분히 수렴할 것이다. 이러한 학교에서 교사의 의견은 이제 더 이상 교사 1인의 의견이 아니다. 학생, 학부모의 의견이 반영된 교사의 의견이다. 결국 제대로 된 학교 자율운영은 교사들의 의견이 대중적 신뢰를 확보하기 위해서라도 가야 할 길이다. 교사의 실력은 전문가라고 주장하면서 생기는 것이 아니라, 성공한 교육현장의 사례를 통해 인정받는다. 학교 자율운영모델이 잘되면 잘될수록 교사는 정책발언자로서 실력을 인정받을 수 있다.

교육 거버넌스를 위해 지금 필요한 것

흔히 학교 자치와 같은 정책을 매우 아름다운 모습으로들 상상하지만, 실제로는 그렇지 않다. 자치는 원래 내전內戰의 역사와 같다. 모든 민주국가에서는 두 개 이상의 그룹이 자신들의 의견을 더 많이 반영하기 위해서 세력을 형성하고 서로를 공격한다. 군주정치 같은 제도가 오히려 평화로울 수 있다. 자치는 평화롭지 않다. 피 터지게 싸우는 것은 자치의 역사로 보면 당연한 일이다. 내부의 싸움 없이 외부에 해결해달라고 하는 것은 독립군 없는 독립 운동과 같다.

서이초 사건 이후 학교규칙 또는 학교생활규정은 대단히 중요해졌다. 학교규칙은 학교가 만들어내는 자치규칙이다. 규칙은 결코 쉽게 만들어지지 않는다. 로마의 최초 성문법인 12표법을 떠올려보라. 12표법은 귀족 계급과 평민 계급의 대립과 갈등 속에서 평민들이 겨우 얻어낸 조항들이다. 그전까지 평민을 착취하던 귀족들이 갑자기 하루아침에 선한 마음을 갖게 되어 12표법을 합의했을 리 만무하다. 평민들이 피 흘리며 투쟁한 결과물이다. 학교생활규정 역시 마찬가지다. 누군가의 호의에 의해서 쉽게 만들어지는 것이 아니라 싸우고 싸우는 과정의 끝에 만들어지는 한 줄의 결과물일 뿐이다. 그 결과물은 한 번 정해지면 끝나는 것이 아니라 다시 다음 해에 갱신되는 과정을 겪으며 후퇴도 하고 전진도 할 수밖에 없다.

그렇다면 교사는 정책을 어디서 학습해야 할까? 교육부나 교육청에서 하는 정책 관련 연수는 그저 어떻게 하라는 방법을 전달하는 것에 그친다. 예컨대 학교자치에 관한 연수, 생활규정제정에 관한 연수를 듣더라도 교육청은 뻔한 말들의 나열에 그친다. 기초학력보장정책에 대해 그것이 어떤 의미가 있는지 설명하기보다 담당자가 무슨 절차를 거쳐야 하는지를 설명할 뿐이다. 이렇게 추진되는 정책은 당연히 실패한다. 교사 입장에서도 취지 등을 전혀 이해하지 못하고 비전조차 공유되지 못한 정책을 열심히 실행할 수 있을 리 만무하다.

이 역할을 교원단체가 해야 한다. 여기서 말하는 교원단체는 교원노조와 다르다. 교원노조가 교사의 권익을 지켜주는 곳이라면 교원단체는 교사를 성장시키는 곳이어야 한다. 잘 학습되고 훈련된 교사를 배출하고 좋은 위치로 보내는 것이 교원단체가 할 일이다. 그동안은 교육부와 교육청에게 맡겼지만 그간의 연수 모습에서 알 수 있듯이 사실상 실패에 그쳤다. 교원단체가 이들을 학습시킨다면, 교육부나 교육청에서는 교원단체와 더 자주 소통해야 할 필요가 생긴다. 자신들의 정책을 홍보하고 집행하기 위해서 협력관계를 구축해야 하기 때문이다. 이러한 역할 정립이 제대로 될 때 교원단체는 학습 공간으로서의 의미를 갖는다. 교원노조가 교사들을 보호한다면, 교원단체는 교사의 목소리를 제대로 낼 수 있도록 한다.

교원단체를 주로 설명하였지만, 학부모단체나 교육 관련 시민단체도 마찬가지다. 교육 담론은 기계적이고 패턴화된 측면이 없지 않다. 진영 논리까지 결합할 때도 있다. 이를 깨뜨리는 가장 좋은 방법은 학습이다. '많이 모으는 것'이 중요한 것이 아니라 '많이 배우는 것'이 중요하다. 갈등의 언어가 아닌, 타협의 언어를 만드는 길은 학습에 있다. 상대방의 입장을 공부하고 그 입장을 반박할 논리를 개발하는 과정에서 자신들의 논리를 검토하고 부족한 점을 인정하게 된다.

우리사회는 거버넌스를 제대로 구축하여 논의를 타협해나간 경험이 많지 않다. 교육에서도 마찬가지다. 오래 갈등하다가 결국 누군가 한 명의 결단으로 인하여 정책이 결정되는 상황이 많았다. 이런 일이 반복되면서 갈등만 쌓이다 터지는 일이 반복된다. '양적 확산'의 끝은 뻔하다. '질적 성장'이 필요하다.

학생인권과 교권의 조화, 해외 사례에서 배우다

현운석
당진 고대초등학교 교사

자유와 존중이라는 보편적 가치에 대해

교육계에서는 '자유와 존중'의 가치를 '일부 제한할 필요성'에 대한 찬반 논쟁이 뜨거웠다. 학생들에게 부여된 '자유와 존중'에 일부 제한을 두어야 한다는 주장을 두고 공감하는 사람들이 조금씩 늘어나고 있었다. 교육부에서도 2023년 8월 23일, '학생인권의 지나친 강조'가 교육활동 침해 행위에 가장 큰 영향을 끼쳤다고 공식적으로 밝혔고, 일부 교육청에서는 선제적으로 학생인권조례를 전면 수정하겠다는 의지를 공표하였다. 그렇다면 해외 선진국의 사례에서도 교원의 생활지도에 있어서 '자유와 존중이란 가치'를 일부 제한할 필요성에 공감하고 있을까? 이를 자세히 살펴보도록 하자.

자유와 존중을 통한 행복 교육의 나라 덴마크와 핀란드

"우리는 개인의 자유와 존중의 가치를 최우선으로 여긴다. 자유와 존중의 원칙에도 위험이 있지만 우리는 당연히 이를 감수해야 한다고 생각한다. 자유와 존중의 가치 그 일부라도 제한할 경우, 훨씬 더 큰 위험을 감당해야 하기 때문이다."

_ 잉그리드 안크(Ingrid Ank)

2023년 8월 15일 국외연수 일정 참여 중, 최근 덴마크에서 겪고 있는 다양한 교육·사회적 이슈에 대한 질문이 있었다. 그에 대한 그룬트비 아카데미 리더Grundtvig Akademi leder 잉그리드 안크의 위와 같은 응답에 놀라지 않을 수 없었다. 덴마크의 교육은 오랜 기간 덴마크 현대사회에 가장 지대한 영향을 미쳤다고 평가받는 철학자 니콜라스 그룬트비Nikolaj Frederik Severin Grundtvig, 1783~1872의 사상이 그대로 반영되어 있다. 그는 덴마크 사람들에게 국가 및 지역문화를 향한 존중과 함께 개인의 자유가 조화를 이루어야 한다고 주장하였고, 지나친 집단의 힘(군중 심리와 같은)을 경계하면서도 개인의 자율과 책임, 의무와 같은 '자기 결정권'을 강조하였다. 이는 '자유와 존중'을 기본으로 하는 교육과

학교 문화를 정착시켰고, 덴마크 교육 철학의 기반이 되었다고 한다.

덴마크는 학생들의 '자기 결정권'이 중요한 만큼 '자율과 책임, 의무'가 동시에 강조되며, 민주적 절차를 통해 매우 구체적인 행동이 포함된 학교 규칙이 정해지고, 정해진 규칙을 매우 존중하는 문화가 정착되어 있었다. 문제행동이 반복되는 학생은 학교와 심리학자, 지자체 담당자, 보호자, 기타 전문가가 포함된 지역 공동체 안에서 재적응을 지원하는 형태로 지도하며, 이를 선제적으로 예방하기 위한 '사회성 발달 프로그램'을 어릴 때부터 강조한다. 그리고 문제행동이나 돌발행동 시 아이가 스스로 멈출 때까지 절대 힘으로 제압하거나 제지하지 않고, 지속적이거나 반복적이지 않은 행동에 대해서는 관대한 편이며, 천천히 진정시킨 이후에 지도하는 방식을 선호한다.

이는 담임(혹은 교과)선생님 외 1인의 보조교사가 협력 지도하고, 별도의 분리공간 활용이 보편화되어 있으며, 평소 문제행동 지도에 대한 교원의 연구가 활발해진 덕분에 가능하다고 했다. 끝으로 지난 25년의 교직 경력 동안 학교 안에서 뛰거나 놀이 중 다치는 안전사고에 대한 항의나 민원, 책임 요구를 단 한 번도 받아본 적이 없다는 말에서 이들이 '책임'을 어떻게 인식하는지도 알 수 있었다.

같은 북유럽 권역에 포함되는 핀란드의 사례는 앞서 언급했던 덴마크와 일부 비슷하지만 생활지도에 대한 권한을 강화한 부분이 눈에 띈다. 핀란드는 다양한 영역에서 '교육 선진국'이란 수식어가 붙는 만큼 교육을 향한 관심이 매우 높은 나라이지만, 2016년도부터 '수업 방해' 문제가 심각하게 제기되기 시작했다. 일부 지역에서는 교사의 지시에 불응하거나 공격적인 행동을 하는 '교육활동 침해 학생'을 일시적으로 분리할 수 있도록 클리닉 교실Clinic Class을 마련했다. 핀란드 기본 교육 법령 제26장은 '지도Discipline' 부분에서 학생의 수업 방해, 규율 위반, 부정행위, 숙제 불이행의 경우 교사가 취할 수 있는 방식을 구체적으로 정해놓고 있다. 이것은 학생이 문제행동을 보이는 경우 구체적으로 어떻게 지도할 수 있는지 법률에 명시하여 모든 학교에서 공통적으로 적용이 가능하도록 한 사례이다.

공통점이 있다면 수업 방해를 포함한 문제행동을 교사의 생활지도 체계가 아닌 학생 개개인의 문제로 보고, 처벌보다는 별도의 인력이 추가된 특수교육과 연계해 근본적인 해결을 도모하는 방식을 기본으로 한다는 점이다. 즉, 법률에 근거한 '처벌'이 아닌 '지원'의 방식으로 접근하며, '일반 지원' '집중 지원' '특수 지원' 3단계에 따라 특수 교사가 추가되거나 별도의 교실에서 개별 지원을 받는 형태로 지도한다. 학생 및 보호자가 이런 지원 방식에 거부감이 비교적 덜하고, 개인의 '차이'에 의한 지원(혹은 도움)이라고 인식하는 점도 이러한 형태를 가능케 하는 요소 중 하나이다. 현지에서 직접 들었던 한 학부모의 인터뷰 내용이 이를 증명했다.

> "핀란드 교육의 가장 큰 장점은 영·유아 시기부터 각종 발달검사를 통해 조기 진단과 치료 지원을 책임진다는 점입니다. 학교와 교사를 신뢰하기 때문에 특수 지원이나 문제행동에 따른 특별 지원을 받는 것에 부정적인 인식을 보내지 않습니다. 교사를 존중하면서도 궁금한 점이 있거나 상의할 것이 있을 때 면담을 요청하는 일에 주저하지 않으며, 학교와 사회로부터 아이에 대한 종합적인 지원을 받는 데에 익숙합니다."
>
> 초2, 초6 자녀를 두고 있는 현지 학부모 인터뷰(2023년 8월 13일)

전혀 다른 세상 이야기처럼 느껴진 이유

두 나라의 사례를 살펴보면 오직 법령에 근거하거나 민주적 절차로 만들어진 규칙과 생활지도 방식을 허용하며, 그 외의 경우 절대로 개인에 대한 '자유와 존중'의 가치를 훼손하지 않는다는 점을 알 수 있다. 이는 개인의 자율성을 존중하면서도 공동체 안에서의 사회화를 강조해왔던 역사·문화적 배경에서부터 생겨나 오랜 기간 정착된 교육 문화로 보인다. 타인과 공동체를 배려하고 존중하는 것과 한 개인의 권리를 주장하는 것을 서로 상충되는 개념으로 생각하지 않고 오히려 각자의 다양성과 가치를 보호하는 쪽으로 본다. 따라서 법령에 근거하거나 민주적 절차를 거쳐 만들어진 규칙의 범주 안에서 학생의 문제행동 지도가 이루어지면 절대로 개인의 권리를 침해했다고 문제를 제기하는 경우가 없다.

물론 이러한 문화가 정착되는 과정에 있어서 상대적으로 학습이나 평가(혹은 성적)에 대한 부담이 덜하고, 오히려 학생의 '사회성 발달'과 공동체에서의 '사회화 과정'에 집중할 수 있었던 배경이 큰 영향을 미쳤다. 현재 우리나라의 교육 상황과 가장 큰 차이점이라고 볼 수 있는 대목이다.

핀란드 헬싱키 외각에 위치한 Meilahti Comprehensive School (초·중 통합 학교)에서 수업을 참관하던 중 목격한 사례가 있다. 분명히 수업 중인데도 교실 한쪽에 마련된 휴식 공간에 한 학생이 누워 쉬고 있었고, 다른 학생이나 교사도 전혀 신경 쓰지 않고 태연하게 수업을 진행했다. 이에 대한 질문이 이어지자 해당 교사는 오히려 "학습을 강요할 수 있습니까?" 하고 반문하며 의아해했다. 학생들도 휴식을 취하는 학생의 당연한 권리라고 생각하는 듯하였다. 한두 명의 학생이 책상에 엎드려 자기 시작하고 이를 허용하면 교실 전체의 수업 분위기를 망칠 수 있다고 보는 우리의 관점과 매우 대조적이다. 타인에 의한 영향보다 '자기결정권'과 '책임'을 오랜 기간 강조해온 습관이 반영된 것은 아닐까 싶었다.

이런 점들이 심리적으로는 국내의 상황과 다르게 거리감이 느껴지기도 하지만, 최근 인권 감수성이 높아지고 개인의 자유와 기본적 권리 존중을 중시하는 흐름과 크게 다르지는 않다. 차이가 있다면 최근 국내에서는 아직도 교육당사자의 권리와 권리에 따른 책임 사이의 불균형 문제가 해결되지 못하고 있다는 점이며, 이런 작은 간극이 각 사회에 오랜 기간 정착되면서 완전히 다른 세상을 보는 듯한 심리적 거리를 느끼게 하진 않았나 하는 생각에 씁쓸한 마음을 숨기기 어려웠다.

덴마크와 핀란드의 학교를 직접 두루 살피며 받았던 충격의 정도로 순위를 매겨본다면?

1. 교실 한쪽에 별도로 마련된 휴식 공간에 수업 중 누워서 휴식을 취하는 학생
2. 학교와 같은 교정 내 방과후 학교가 별도의 공간에서 운영됨(수업과 방과후 교실 완전 분리)
3. 교장실은 쉽게 방문할 수 있지만 교실 및 교육활동 장소를 직접 방문할 수 없는 규칙
4. 방과후 교실 뒷마당에서 학생과 교사가 함께 캠프파이어를 한 후 바비큐를 먹은 흔적들
5. 문이 닫히면 자동 잠금 장치에 의해 자동으로 교실 문이 잠겨 밖에서는 열 수 없는 방식

책임과 의무를 더욱 강조하는 나라, 영국과 프랑스

프랑스와 영국에서는 책임과 의무를 더욱 적극적으로 강조한다. 두 나라 모두 공통적으로 정부 차원에서 '학생의 권리와 의무'에 대한 지침(가이드)을 제시하는데, 각 학교에서는 정부가 제시하는 지침에 의거하여 출결, 성적, 평가, 수업 방해 행동에 대한 지도 지침까지 구체적으로 명시된 학교 규칙을 만든다. 이 규칙은 입학이나 새로운 학년도가 시작될 때 모든 가정에 배포되며, 보호자는 모든 조항을 읽고 '동의함'에 서명해야 한다. 규칙에 포함된 내용을 근거로 수업을 방해하거나 타인의 권리를 해치는 학생을 교사가 직접 중단시킬 수 있고, 그 과정 때문에 법적인 처벌을 받지 않는다. 게다가 계속해서 규칙을 어기는 행동을 반복할 경우 3회의 주의 조치, 생활교육전담교사 연계, 학부모 소환까지 가능하도록 명시되어 있어 학생으로서의 의무와 책임을 매우 강조하고 있다.

이러한 지도 방식이 가능한 배경에는 수업 방해 학생이나 문제행동 학생을 별도로 지도할 수 있는 생활교육전담교사 제도가 잘 정착된 이유가 크다. 또한 특수교육대상자를 위한 전문 자격을 갖춘 보조교사가 필수적으로 지원되는 점도 이를 뒷받침한다. 그리고 수업 방해 행위나 문제행동이 계속되고 지시 불이행이 반복되면 처벌과 징계, 심지어 검찰 송치와 퇴학까지 이어질 수 있다는 점에서 앞서 언급했던 북유럽 국가와는 다른 모습을 보인다. 책임과 의무가 훨씬 강조되고 학생들에게 다소 엄격한 질서와 규칙을 법령으로 보장한다는 점을 알 수 있다.

충분히 뿌리 내리지 못한 나무에 가지치기가 가능한가?

우리는 지금 어느 위치까지 왔을까? 산업화 시대의 일꾼을 양산하기 위한 획일적 교육과 성적 지상주의 때문에 소외되었던 학생에게 주목하기 시작했고, 학생 개개인의 존중과 권리를 신장시켜야 할 필요성에 공감하기 시작해 오랜 기간 학생인권 신장을 위해 노력해왔다. 그럼에도 우리는 학생들에게 부여된 '자유와 존중'의 가치를 지킨다고 자신 있게 말할 수 있을까? 반대로 학생에게 본인의 권리와 타인의 권리 모두를 존중하도록 책임과 의무를 부여하고는 있는가? 이도 저도 아닌 지금의 상태에서는 민주시민성 함양을 위한 기본적 가치라고 여겨지는 '권리' '존중' '책임' '의무' 등을 일부 제한하려 하거나 선별하려는 것이 아니라, 바람직한 방향으로 확산시키고 교육·사회·문화적으로 정착시키는 것을 우선해야 한다. 일부 대상에 대한 '권리'만이 강조되었다는 지적은 근거가 타당하다 판단된다면 충분히 분석하고 균형을 맞추기 위해 노력하면 될 일이다.

지금까지 살펴본 해외 사례를 통해 우리는 매우 기본적이며 보편타당한 가치를 일부 '제한'이 아닌 '균형'과 '정착'의 관점으로 보아야 함을 잊지 말아야 한다. 아직도 참담한 심정으로 교단에 서고 있는 선생님들의 분노와 상처, 개선을 위한 목소리 일부에서도 보편적 가치에 대한 일부 '제한'에 동조하는 일은 생기지 않길 바란다.

3부
교사, 교육 회복을 말하다

정치적 천민으로 74년, 시민이 될 수 없는 교사

한희정
서울삼양초등학교 교사

2023년 여름을 뜨겁게 타오르게 했던 한 교사의 죽음은 우리에게 '교육'에 대해, '교실'에 대해, 그리고 교사의 교육권과 생존권에 대해 물었다. 공교육 정상화를 위한 7월 22일 전국 교사 집회를 주도했던 '군잡맨'은 다른 단체와 어떤 연관도 없이 교사 개개인이 자발적으로 모였음을 강조하며 정치적 발언을 지양해달라고 요구했다. 이런 기조는 이어지는 집회에서도 계속되었다.

'정치와 무관함'을 선언하고 시작하는 집회에 대해 많은 이들이 고개를 저었을 것이다. '집회'라는 지극히 정치적인 행위를 하면서도 정치와 무관하다고 하는 이 모순적 상황을 비꼬거나 폄훼하는 이들도 있었다. 그러나 알고 있는가? 대한민국 교사들은

2023년 현재까지도 헌법이 보장하는 기본권을 누리지 못한다는 사실을. '정치적 천민'으로 살아온 역사가 74년에 이르며 경제협력개발기구(OECD) 38개국 중 교원에게 정치기본권을 보장하지 않는 나라는 우리나라뿐이라는 것을.

1949년 8월 12일 제정된 「국가공무원법」 제37조 "공무원은 정치운동에 참여하지 못하며 공무 이외의 일을 위한 집단적 행동을 하여서는 아니 된다."는 조항은 2023년 현재, 동법 제65조 ①항 "공무원은 정당이나 그 밖의 정치단체의 결성에 관여하거나 이에 가입할 수 없다."는 내용으로 지금까지 존속하고 있다. 이 문제를 놓고 여러 학술적 논의가 이루어졌고, 헌법 소원을 통한 위헌 심판, 입법청원 운동, 관련 법 개정안 제출 등 다양한 활동이 진행되었지만 여전히 제자리걸음이다.

정치 기피, 정치 혐오로 이어지는 교직 문화

그렇게 만들어진 교단 문화는 교사가 정치적 발언이나 행위를 하는 것 자체를 금기시하고 있다. 정당정치를 통해 수많은 입법 행위들이 이루어지는 사회에서 교사들은 정당에 대해, 정치 권력에 대해, 선거에 대해 언급하는 것 자체를 꺼려 한다. 이런 문화는 법령에 대한 이해와 해석에 근거한 것이 아니다. 교사의 정치적 행위를 「국가공무원법」 위반 등으로 처벌해왔던 지난 74년의 역사가 심어준 것이다.

여기서 '교사의 정치적 행위'는 곧 집권 여당이나 정부에 대한 반대 행위가 된다. 비근한 예로 2009년 광우병 관련 사태 등 정부 정책을 비판하는 시국선언을 발표하였다는 이유로 교사 89명이 기소되고, 67명이 해임·정직 처분을 받았다. 2010년과 2011년, 정당에 월 1만 원을 후원하였다는 이유로 교사 1,600여 명이 기소되고 46명이 해임·정직 처분을 받았다. 2014년 세월호 참사에 대해 진상규명, 책임자 처벌을 요구하였다는 이유로 교사 33명이 기소되었다. 그리고 총선을 앞둔 2016년에는 자신의 페이스북에 정치 기사를 공유하였다는 이유로 교사 19명이 기소되었다.

필자 역시 2014년 세월호 참사 진상규명 및 책임자 처벌을 요구하는 신문 광고를 게재하였다는 이유로, 그리고 2016년 용산 참사 진압 책임자인 김석기 전 서울경찰청장이 경주에 예비후보로 등록했다는 기사를 페이스북에 공유했다는 이유로 고발당하고 기소유예 등의 처벌을 받았다. 이런 상황은 정치 자체를 혐오하거나 금기시하는 교직 문화를 만들어내고 있다. 굳잡맨이 정치적 발언 금지를 요구한 것 역시 같은 맥락이었을 것이다. 한 교사의 죽음을 추모하는 교사들의 집회가 정치적 여론 몰이로 폄훼되거나 갈라치기에 이용되어서는 안 된다는 절박함, 그런

구도로는 어떤 문제도 해결되지 않을 것이라는 역사적 교훈을 익히 알고 있었던 것이다.

헌법이 보장하는 기본권

헌법재판소는 "정치적 자유권은 모든 국민이 차별 없이 자신의 의사를 국정에 반영할 수 있는 조건일 뿐만 아니라 민주적 사회질서를 유지하기 위해서도 반드시 필요한 조건으로 다른 기본권에 비해 우월한 효력을 갖는다."라고 밝혔다(헌재 2004. 3. 25. 2001헌마710). 정치적 자유권은 "국가권력의 간섭이나 통제를 받지 아니하고 자유롭게 정치적 의사를 형성·발표할 수 있는 자유"로 "정치적 의사를 자유롭게 표현하고 자발적으로 정당에 가입해 활동하며 자유롭게 선거운동할 수 있는 것을 주된 내용으로 한다."라고 설명했다. 여기에 통상적으로 공무담임권과 참정권을 포함한다.

정치적 표현의 자유는 헌법 제1조와 제21조 제1항, 정치적 언론, 출판, 집회, 결사의 자유에 그 근거가 있다. 정당 가입 및 정당 활동의 자유는 헌법에 명문화되어 있지는 않지만 결정문을 통해 정당 가입 및 정당 활동의 자유를 기본권의 하나로 인정하고 있다.• 선거운동의 자유도 헌법에 명문화되어 있지 않지만 판례를 통해 선거운동의 자유를 표현의 자유에 관한 한 양태로 인정하고 있다.•• 참정권 중 선거권과 공무담임권은 헌법 제

24조 및 제 25조에 따라 기본권으로 명시되어 있으며, 국민투표권은 헌법 제72조와 제130조에 제도로 규정되어 있다.

국민이자 공무원이라는 이중적 지위

교원은 국가 공무원이면서 국민으로 이중적 지위를 갖는다. 공무원이라는 특수지위에 따른 제한은 법치주의의 예외로 작동하는 것이 아니라 공직이라는 특수성에 근거하여 국회에서 제정된 법률적 근거에 따라야 한다. 공무원은 국민 전체의 봉사자로, 법령에 따라 행위하는 존재이지 주기적으로 교체되는 정부와 여당에 충성할 의무가 강제되는 존재는 아니다. 공무원에게 자신이 맡은 공직과 관련하여 집권 정당이 아니라 국민 전체를 위한 공정한

● "정당은 오늘날 대중민주주의에 있어서 국민 정치의사형성의 담당자이며 매개자이자 민주주의에 있어서 필수불가결한 요소이기 때문에, 정당의 자유로운 설립과 활동은 민주주의 실현의 전제 조건이라고 할 수 있다. 주권자인 모든 국민은 일반 결사의 자유와 마찬가지로 정당을 결성하고 가입하거나 그렇게 하지 아니할 자유를 가지며, 당원으로서의 계속 잔류와 탈당의 자유가 보장된다."(헌재 2004. 3. 25. 2001헌마710)
●● "자유선거의 원칙은 비록 우리 헌법에 명문으로 규정되지는 아니하였지만 민주국가의 선거제도에 내재하는 법원리로서 국민주권의 원리, 의회민주주의의 원리 및 참정권에 관한 규정에서 그 근거를 찾을 수 있다. 이러한 자유선거의 원칙은 선거의 전 과정에 요구되는 선거권자의 의사 형성의 자유와 의사 실현의 자유를 말하고, 구체적으로는 투표의 자유, 입후보의 자유 나아가 선거운동의 자유를 뜻한다. 선거운동의 자유는 널리 선거과정에서 자유로이 의사를 표현할 자유의 일환이므로 표현의 자유의 한 태양이기도 하다."(헌재 2001. 8. 30. 99헌바92)

업무 수행이 요청되어야 한다는 규범적 의미를 지닌다.

헌법 제7조는 제①항 "공무원은 국민 전체에 대한 봉사자이며, 국민에 대하여 책임을 진다." 제②항 "공무원의 신분과 정치적 중립성은 법률이 정하는 바에 의하여 보장된다."고 명시하고 있다. 그러나 공무원의 정치적 중립성이 "법률이 정하는 바에 의하여" 보장된다는 규정은 개별 법률에 의해 공무원의 정치적 자유를 포괄적으로 제한하거나 금지한다는 의미로 규범화되어 있다. 국민 전체에 대한 봉사자로서 국민에 대한 책임을 질 수 있도록 공무원을 향한 외부의 정치적 압력을 막고자 했던 취지와 달리 공무원의 정치적 기본권을 제한하고 있는 셈이다.

헌법재판소는 공무원의 정치적 중립은 직무집행의 중립성을 유지하기 위하여 필요한 것(1995. 5. 25. 91헌마67)이라고 한 바 있으며, "사인으로서의 지위와 국민 모두에 대한 봉사자로서 공익실현의 의무가 있는 국가기관으로서의 지위는 구별되어야 하고, 정치적 중립성은 국가기관으로서의 지위에 근거한 것"(2004헌나1, 2004. 5. 14)임을 명백히 한 바 있다. 같은 맥락에서 "공무원이 '그 지위를 이용하여' 하는 선거운동의 기획행위 외에 사적인 지위에서 하는 선거운동의 기획행위까지 포괄적으로 금지하는 것에서 비롯된 것이므로, 이 사건 법률조항은 공무원의 지위를 이용하지 아니한 행위에까지 적용되는 한 헌법에 위반된다."(헌재 2008. 5. 29. 2006헌마1096)고 하여 「공직선거법」 제86조 제①항 제2호에 대해 한정위헌결정을 내린 바 있다.

중립 기어는 교단에서만, 학교 밖 정치적 자유 보장하라

「교육기본법」 제6조(교육의 중립성) 제①항은 "교육은 교육 본래의 목적에 따라 그 기능을 다하도록 운영되어야 하며, 정치적·파당적 또는 개인적 편견을 전파하기 위한 방편으로 이용되어서는 아니 된다."고 규정하고 있다. 이는 헌법 제7조에 근거한 규정으로, 교육에서 정치적 중립성이 침해될 우려를 법률로 유보하여 교육이 특정 정치세력 또는 행정권한에 의해 자의적으로 결정되어서는 안 된다는 것, 국민의 대표기관인 국회가 제정하는 법률로 결정되어야 한다는 것을 보장하기 위한 조항이다.

그러나 우리의 현행법 체제는 국·공립학교 교원을 국가 공무원으로 규정하면서 일반직 공무원과 동일하게 다루며, 사립학교 교원도 국가공무원의 복무규정을 준용시키는 방식으로 정치적 기본권을 엄격히 제한하고 있다. 이에 민주시민을 양성한다는 교육기본법상의 목적에 비추어 볼 때 교육의 정치적 중립성을 곧 정치에 대한 무관심과 거리 유지로 이해하는 것이 타당하지 않다는 비판, 정치적 기본권을 제한하는 것이 유·초·중등 교원에게만 강제되고 대학 교원에게는 허용되는 차별적 처사라는 비판, 교육과 정치의 관계가 긴밀한 현실에서 중립성을 명분으로 내세우며 교원의 정치활동을 일방적으로 제한하는 것 자체가 교육의 정치 예속화를 가중하는 것이라는 비판 등이 끊임없이 제기되었다.

더불어 「교육기본법」 제17조 제④항은 "교원은 특정 정당 또는 정파를 지지하거나 반대하기 위하여 학생을 지도하거나 선동하여서는 아니 된다."고 규정하고 있다. 정치적 표현의 자유를 제한하는 범위는 교원의 정치활동 자체가 아니라 '교원의 편향된 정치 교육'이다. 즉 교육활동에서 정치적 중립성을 지키라는 요구이지 시민으로서 학교 밖 활동에서도 정치적 중립을 강요하라는 것이 아니다. 헌법재판소도 "정치적 표현의 자유는 자유민주적 기본질서의 구성 요소로서 다른 기본권에 비하여 우월한 효력을 가지므로 초·중등교원이라 하더라도 이러한 자유는 될 수 있는 한 보장되도록 하여야 하고, 제한을 하는 경우에도 헌법 제37조 제2항에서 도출되는 과잉금지원칙을 준수하여야 한다."(헌재 2008. 1. 17. 2007헌마700 등)고 밝힌 바 있다.

그럼에도 수많은 교사들이 정치적 표현으로 처벌을 받게 된 근거는 무엇인가? 현재의 법률은 주로 정당 또는 선거와 관련된 것들이기 때문에 직접적으로 정치적 표현의 자유를 제한하는 법률은 실제로 찾아보기 어렵다. 대통령령인 「국가공무원 복무규정」이 국·공립교원의 정치적 표현의 자유를 제한하는 직접적 근거가 된다. 사립학교 교원 역시 국·공립교원에 관한 규정을 준용하기 때문에 동일하게 작용한다. 2011년 개정된 복무규정 제3조 제②항은 "공무원은 집단·연명으로 또는 단체의 명의를 사용하여 국가의 정책을 반대하거나 국가정책의 수립·집행을 방해해서는 아니 된다."고 명시하고 있다. 법률이 아닌 대통령령 수준에서 직무와 관련성이 어느 정도인지 묻지 않고 포괄적인 제한이 이루어지고 있는 셈이다.

헌법이 보장하고 있는 정치기본권을 크게 정치적 표현의 자유, 선거운동의 자유, 공무담임권 등의 참정권, 세 가지로 보고 이를 제한하거나 금지하고 있는 법령 조항을 정리해 보면 오른쪽 표와 같다.

정치 무관심, 기피와 혐오를 넘어서는 민주시민 교육을 위하여

헌법 제31조에서 밝히고 있는 '교육의 정치적 중립성'은 과거 권위주의·독재 정권 시절 정치 권력의 손발이 되었던 역사에 대한 반성의 산물이다. 교육이 정치 권력에게서 자유로워야 한다는 의미다. 교사의 정치적 권리 보장으로 정권의 부당한 간섭이나 지배를 거부할 수 있어야 한다. 그래야 정치 권력이 공교육을 권력 유지를 위한 수단으로 삼고자 할 때 비판하고 저항할 수 있다.

교원의 정치기본권 관련 법 조항

정치기본권		관련 법령
1. 정치적 표현의 자유	교원 개인의 정치적 표현의 자유	▪「교육기본법」제14조 ④항 특정 정당 관련 학생 지도·선동 금지 ▪「사립학교법」제58조 특정 정당 관련 학생 지도·선동 금지 ▪「국가공무원 복무규정」제3조 ②항 집단·연명으로 국가 정책 반대 및 방해 금지
	교원노조 및 교원단체의 정치적 표현의 자유	▪「교원노조법」제3조 정치활동 금지 ▪ 교원단체의 정치활동 허용 또는 금지에 관한 명문 규정 없음. 법인격은 단체의 설립목적에 따른 관계에서 그 범위가 결정됨.「교육기본법」제15조 ①항 교육 진흥, 문화 창달, 교원의 경제적·사회적 지위 향상을 목적으로 규정함.
	정치 후원금 관련 정치적 표현의 자유	▪「정치자금법」제8조 정당의 발기인 및 당원만 후원 ▪「정치자금법」제10조 회원이 아닌 자의 정치인에 대한 후원금 기부 허용 ▪「국가공무원 복무규정」제27조 ②항 5호 정치인 후원금 기부 금지 ▪「정치자금법」제31조 법인 또는 단체의 정치 후원 금지 ▪「정치자금법」제22조 선거관리위원회 기탁금 가능
	정당 가입 및 정당 활동의 자유	▪「국가공무원법」제65조 정당이나 정치단체 결성 금지 ▪「사립학교법」제58조 정치운동은 면직 사유로 규정 ▪ 국·공립교원에 대한 직접적인 제한 규정은 없음.「국가공무원법」에 따라 동일한 제한 규정을 받고 있음. ▪「정당법」제22조 누구나 정당 발기인 및 당원 가입 가능, 단서 조항으로 공무원과 사학교원을 제외, 대학교원은 허용
2. 선거 운동의 자유	교원 개인의 선거운동에 관한 자유	▪「국가공무원법」제65조 ②항 특정 정당 및 특정인 지지·반대 행위 금지 ▪「사립학교법」제58조 정치운동은 면직 사유로 규정 ▪「공직선거법」제9조 공무원의 중립 의무 등 선거 영향 금지 ▪「공직선거법」제60조 국가공무원, 지방공무원 등 선거운동 금지 ▪「공직선거법」제85조 공무원 등의 선거 관여 금지 ▪「공직선거법」제86조 공무원 등의 선거에 영향을 미치는 행위 금지
	교원노조 및 교원단체의 선거운동에 관한 자유	▪「공직선거법」제9조 공무원의 중립 의무. 선거 영향 금지 ▪「공직선거법」제87조 단체의 선거운동 금지
3. 공무 담임권 등의 참정권	선출직 관련 참정권	▪「교육기본법」제14조 ⑤항 법률에 따라 다른 공직에 취임 가능 ▪「공직선거법」제53조 공직선거 출마 시 선거일 전 90일까지, 비례대표 및 보궐선거의 경우 30일까지 사임하도록 규정 ▪「국회법」제29조 대학교원의 경우 휴직 인정 ▪「교육공무원법」제44조 대학교원의 경우 임기 중 휴직 인정
	교육 자치단체 관련 참정권	▪「지방교육자치법」제23조 교육감의 경우 교육공무원, 사학교원, 대학교원도 겸직 금지, 임기개시일 전에 당연퇴직

나치 정권에서의 우편향 교육에 대한 반성으로 독일은 교사들이 자유로이 정당에 가입하고 정치활동을 할 수 있도록 보장하고 있다. 독일 연방의회 의원 중 13~15%(약 80~100명)가 교사 출신이다. 핀란드의 경우 국회의원 20%가 교사 출신이다. 미국의 교원노조 역시 선거 때마다 공개적으로 특정 후보에 대한 지지 선언을 하고 정치자금을 후원한다. 프랑스, 덴마크, 스위스에서 교사는 교사직을 유지하면서 선거에 출마할 수 있고, 임기가 만료하면 복직한다. 정치 선진국에서는 법조인과 교사가 의회에 가장 많이 진출하는 것이 일반적인 현상이다. 교사 출신 국회의원의 비율은 경제협력개발기구(OECD) 국가 평균 10%를 상회한다.

2020년 4월 23일 헌법재판소는 "공무원의 정치적 중립성은 국민 전체에 대한 봉사자의 지위에서 공직을 수행하는 영역에 한해 요구되는 것"이라며 "교원으로부터 정치 중립적인 교육을 받을 기회가 보장되는 이상 교원이 기본권 주체로서 정치적 자유권을 행사한다고 교육받을 권리가 침해된다거나 교육의 정치적 중립성이 훼손된다고 볼 수 없다."는 결정(2018헌마551)을 밝혔다. 2020년 11월 5일 전국공무원노동조합, 대한민국공무원노동조합총연맹, 전국교직원노동조합은 국회 앞에서 공무원·교원 정치기본권 보장 10만 국민동의청원 성사 보고 및 국회 법개정 촉구 기자회견을 열기도 했다.

이에 강민정 의원은 2020년 위헌 결정이 난 '그 밖의 정치단체' 활동 금지 삭제, 국민 경선 참여 보장 및 교육적 목적의 모의 선거 보장, 정치 후원 금지 해제, 교육감 출마 휴직 가능, 「국가공무원법」「공직선거법」「정치자금법」「지방공무원법」 개정안을 발의한 바 있다. 그리고 2023년 「국가공무원법」 제65조 및 제84조를 교원에게 적용하지 않는다는 「교육공무원법」 개정안, 유초중등 교원에게 정당의 발기인이나 당원의 자격을 부여하되 학생에게 이를 전하는 교육활동은 금지하는 「정당법」 개정안, 사립학교 교원의 선거 참여를 확대하는 「공직선거법」 개정안, 사립학교 교원의 기탁금 기탁을 허용하는 「정치자금법」 개정안을 추가로 발의하였다. 더불어 이수진 의원은 교원노조의 정치활동 금지를 해제하는 「교원노조법」 개정안도 발의한 바 있다.

검은 점들의 물결은 어디로 가는가!

2023년 뜨겁게 아팠던 기억은 서늘한 찬바람에 한낮의 꿈처럼 희미해지고 있다. 그러나 우리는 비정치적인 선언으로 시작한 지극히 정치적인 구호들로, 안전한 교육환경에서 안전한 교육이 가능한 교실을 만들기 위한 교권보호 4법을 통과시켰다. 이제 가야 할 길은 정치적인 것을 정치적인 구호로 자유롭게 외칠 수 있는 교원의 정치기본권이 보장되는 환경, 그 길로 향하는 끈질긴 검은 점들의 물결일 것이다. 교단에서의 정치적 중립성이 학교 밖에서의 정치적 행위 금지로 과잉 적용되는 구시대의 산물은 이제 역사에 종언을 고해야 한다.

이미 식은 감자인 '교원평가', 어찌할 것인가

신동하
용인 신갈중학교 교사

교사들의 잇따른 자살과 교권 붕괴 문제가 이슈화되는 가운데 2023년 9월 11일 이주호 교육부 장관은 교권보호 4대 법안 입법을 호소하며 "올해는 교사들 마음의 상처가 깊고 어려운 해이기 때문에 교원능력개발평가를 1년 유예하는 방안도 함께 검토하기로 했다."고 밝히고 폐지까지 포함한 전면적 재설계를 언급했다. 이 장관은 교원능력개발평가를 전국으로 확대시킨 장본인이었기에 더욱 의미심장한 발언이었다. 이어 9월 28일에는 전국시도교육감협의회도 제93차 총회를 통해 교원능력개발평가 폐지 및 교원 성과급 개선을 촉구하는 입장문을 발표했다. 2010년 전국적으로 전면 실시된 교원능력개발평가가 13년만에 말 그대로 존폐의 기로에 서게 된 것이다.

교원능력개발평가 도입의 역사

흔히 교원평가라 불리는 교원능력개발평가는 교사들의 교육 전문성을 평가하고, 그 결과에 따른 능력 개발(연수)을 지원하여 학교교육의 질 향상 및 공교육의 신뢰도 제고를 도모한다는 명분으로 도입되었다.

김영삼 정부 시절인 1995년 5·31 교육개혁안 중 하나로 처음 제시되었고, 1999년 12월, '교직발전종합방안'을 통해 도입이 검토되었다. 이후 노무현 정부 시기인 2004년 2월 사교육비 경감 대책 10대 추진과제 중 하나로 교원평가제가 발표되며 T/F팀이 구성되고, 2005년 김진표 부총리가 시범 실시를 표방하는 등 본격적으로 구체화되었다.

그러나 학부모단체와 교원단체가 전면 대결 양상을 보이며 제도 도입 합의에 실패하였다. 학부모단체는 교육서비스 질 제고를 위한 소비자 권리를 내세우거나, 촌지를 받고 폭력·무능 등을 일삼는 부적격교원 퇴출을 염두에 두고 도입 주장을 펼쳤다. 이에 반해 전교조, 교총 등 교원단체는 전시 수업 조장, 생활지도 왜곡 및 교원 구조조정 악용, 교육 상품화에 대한 반발 등을 주된 논거로 내세우며 격렬히 반대하였다. 열악한 교육환경과 가혹한 입시경쟁이라는 문제는 그대로 둔 채 공교육에 대한 불만을 교사들의 책임만으로 전가한다는 반발도 상당했다. 특히 2005년 말에는 교원평가 도입 반대 연가투쟁에 미온적이던 전교조 이수일 위원장이 조합원들로부터 사실상 사퇴를 강제당하는 일까지 벌어지며 교원평가 도입을 둘러싼 대립은 더욱 극단화되고 시행 결정은 표류하게 되었다.

그러나 정부는 2008년 1학기부터 시범사업(선도학교) 형태로 교원평가를 밀어붙였고, 이후로도 계속 내홍이 이어지다가 신자유주의적 성향을 띠고 있다고 평가되는 이명박 정부 시절 이주호 장관에 의하여 2010년 3월 전국 모든 학교에서 전면적으로 강행되었다. 이후 학생·학부모는 매년 9~11월 5점 척도와 자율서술식 문항으로 교사들의 학습·생활지도를 평가하게 되었고, 동료 평가도 실시되었다. 다만 교원능력개발평가 결과는 보수와 인사고과 등에 반영되지 않고 오직 교원의 능력 개발 연수에만 활용되도록 하였다.

본래 이 교원평가는 「초·중등교육법」 개정안에 반영하는 것을 목표로 추진되었다. 끝내 국회 합의에 이르지 못하여 입법화되지는 못하였고, 대신 2011년 교육부 훈령(「교원 등의 연수에 관한 규정」)을 통해 파행적으로 시행의 법적 근거를 마련하였다. 그러나 교육부는 훈령 제정과 동시에 교육행정정보시스템(NEIS)

에 교원평가 메뉴를 연동시키는 등 적극적으로 추진하였고, 2012년 9월에는 평가 실시 의무화를 대통령령으로 보완하였다. 이어 2017학년도부터는 유치원 교사까지 그 적용 대상을 확대하였다.

교원능력개발평가로 교원들 역량은 개선되었는가?

숱한 분란과 갈등 속에서 도입된 교원능력개발평가의 목표는 앞서 말한 바처럼 (평가를 통한) 교사들의 교육 전문성 지원을 통해 학교교육의 질을 향상시키고 공교육의 신뢰도를 제고한다는 것이었다.

그러나 이러한 기대와 다르게 교원평가 참여율은 동료 교원, 학생, 학부모 모든 참여자 집단에서 지속적으로 떨어지고 있다. 곽상도 의원이 교육부에서 제출받은 '최근 5년간 교원능력개발평가 참여율'에 따르면, 학생과 학부모의 참여율은 2015년 각각 87.43%, 50%에서 2019년 68.72%, 35.21% 수준으로 떨어졌다. 동료 교원의 참여율은 같은 기간 92.47%에서 87.28%로 하락●했다.

이러한 이유는 교원평가 참여자들의 효능감이 없다는 것, 말

● 「[단독]교원평가 참여율 5년째 뚝… 그새 '우수' 2배 늘고 '미달'은 반토막」(한민구, 〈서울경제〉, 2020년 5월 24일)

그대로 쓸데가 없기 때문이다. 도입 과정에서 여러 분란이 많았던 이유이기도 하지만, 사실 교원평가는 제도 자체에 무리수가 많았다. 객관성과 신뢰성, 그리고 타당성을 띨 수 있을지 논란이 많았는데, 특히 '교육서비스 소비자'로서의 학부모관에 따라 삽입된 학부모 평가, 그리고 부적격 교원을 동료들의 힘으로 걸러 내라는 취지에서 도입된 동료 평가가 그러했다.

학부모와 동료는 평가 대상 교사의 일상적 수업을 관찰할 수 없다. 수업 공개의 날을 만들어 연 1~2회 수업을 참관하게 했지만, 직장 등의 사유로 참여하지 못하는 학부모가 많을뿐더러 이러한 이벤트성 참관을 통해 교사의 일상 수업을 파악할 수 있다고 보기는 어렵다. 그 수업을 참관할 시간에 본인 역시 다른 반 수업에 들어가야 하는 동료 교사도 마찬가지다. 사정이 이렇다 보니 학부모 평가나 동료 평가는 결국 자녀 이야기나 풍문을 통해 하는 인상 비평이 될 위험성이 크고, 당연히 이렇게 부실한 평가 결과를 보수나 인사고과 같은 곳에 내실 있게 활용할 수 없었다.

그나마 평가에서 최소한의 타당성이 있는 부분은 일상 수업을 함께 하는 학생 평가였다. 그러나 이 역시 많은 학생들이 즉흥적으로 평가하는 경향이 있을뿐더러, 교과 지식 외에도 배려, 질서, 규율을 배우는 사회화 과정인 생활교육에서 생기는 여러 갈등에 대한 사적 보복의 수단으로 악용될 여지가 컸다. 실제로 제도 도입 초기부터 학생부장 등 생활교육 담당 교사들이 보복성으로 낮은 점수를 받는 일이 왕왕 발생하여 평가 참여자 수가 일정 기준 아래일 경우 평가 결과를 반영하지 않는 등의 보완책이 만들어지기까지 했다.

2023학년도 경기도교육청 교원능력개발평가 평가 문항 예시안

(5점 척도로 평가)

선생님은 자녀에게 수업 및 평가 계획을 알려주십니다.(수업 계획 수립)
선생님은 자녀가 학습 내용을 이해할 수 있도록 가르치십니다.(학습 자료 및 매체 활용)
선생님은 다양한 방법으로 자녀가 배운 내용을 평가해 주십니다.(평가 내용 및 방법)
선생님은 자녀가 학교생활에 잘 적응하도록 지도해 주십니다.(학교생활적응 지도)
선생님은 자녀가 기본생활습관을 지니도록 지도해 주십니다.(기본생활습관 지도)

위와 같은 두루뭉수리한 형태의 '만족도 조사'로는 구체적 피드백을 얻기 어려워 교사의 부족한 부분을 찾고 개선할 만한 여지를 발견하기 힘들다. 이를 보완하기 위하여 보다 구체적인 피드백을 받을 수 있는 자유 서술 문항이 마련되었으나, 도리어 인기투표로 전락하거나 평가의 익명성을 악용한 모욕 주기 수단이 되더니, 최근에는 교사의 신체를 평가하는 등 입에 담기 힘든

성희롱성 서술까지 나타나 큰 물의를 빚고 있는 현실이다.

사실 교원능력개발평가는 상당한 행정업무 부담—수업 연구 시간을 좀먹는—이 따른다. 계획을 세우고, 학부모까지 포함한 평가관리위원회를 구성하며, 관리 규정과 평가 문항을 심의하고, 홍보를 하고, 평가 대상자를 확정하여 소개 자료를 등록하는 한편으로 학생 및 학부모들과 매칭하고, 인증을 통해 평가자가 평가 사이트에 접속하여 매칭된 대상 교사를 평가할 수 있도록 하는 제반 절차를 진행해야 한다. 또한 그 결과를 정리하여 개인에게 통보하고 보고서를 만들어 정보 공시까지 해야 한다. 이렇게 품이 많이 드는 일인데도 정작 교원들은 결과를 신뢰하지 않고 거의 활용하지도 않는다. 행정명령(지침)으로 하라고 하니 집행 자체는 하되, 최근 부쩍 늘고 있는 모욕 주기나 성희롱 등을 회피하고자 결과 자체를 아예 열어보지도 않는 경우가 점차 늘고 있는 실정이다.

교원능력개발평가, 어떻게 할 것인가?

사실 교원능력개발평가가 목표로 하는 교육의 질 향상과 공교육의 신뢰도 제고는 해당 평가를 통해 이룰 수 있다고 보기 힘들고, 최적의 방안이 아님은 분명하다. 일부 학부모단체에서 명분으로 내걸었던 부적격 교원에 관한 퇴출 결정은 더더욱 이룰 수 있는 것이 아니다.

공무원 개인에게 신분상 금전상 불이익을 부과하는 퇴출 결정은 4대 비위(금품수수, 상습폭행, 성추행 및 성폭행, 성적조작)와 같은 명확한 기준으로 할 수밖에 없다. 그리고 공교육 혁신은 자발성에 기대어야 한다. 강제와 통제에 의한 전략으로는 형식화만 초래한다는 것이 지금까지의 실사구시에 입각한 결론이다. 그 성과를 둘러싼 논란이 아주 없지는 않지만 수업 개선과 학교문화 혁신은 교원들의 자발적 흐름으로 시작된 혁신학교운동의 효과가 더 컸다는 것이 중론이다.

따라서 첫 단추인 목표 설정에서부터 착오가 있는 현행 교원능력개발평가는 이주호 장관의 말처럼 전면적으로 재설계하거나 폐지해야 한다. 흔히 '교원평가 폐지'를 말하면 평가 안 받는 직군은 없다는 식의 반박을 하기도 하나, 사실 지금도 근무성적평정이나 동료평가 등이 있어 교원들은 도리어 중첩된 평가를 받고 있다. 중복을 피하기 위하여 현행 교원능력개발평가는 교육 전문성과 관련된 형태가 되어야 한다고 변형을 하기는 했으나 구체적인 업무(수업) 자체가 아니라 인신(교원)을 품평하게 만드는 수단으로 전락한 지 오래이다. 사실 어느 직군이 '업무'로 평가받지 '인신'으로 평가를 받던가?

더구나 오늘날에는 교원능력개발평가 도입이 논의되던 때와 교육환경이 확연히 달라졌다. 학생인권조례 제정 등 사회 민주화가 전개되면서 촌지 수수나 폭력을 일삼는 부적격 교사는 거의 사라졌고 뿌리 깊은 관존민비 풍토도 사라졌다. 도리어 갑질성 악성 민원을 넣는 학부모나 교권을 능멸하는 학생이 늘고 있음에도 마땅한 제재나 보호 수단이 없어 선량한 학생들이 피해를 입고, 서이초, 호원초 등지의 교사들이 세상을 등지고 있는, 다시 말해 교권, 정확히는 학교의 공적 권위가 위축되고 있는 상황이다.

따라서 목표 설정 자체에 오류가 있고 이미 시효조차 지난 현행 교원능력개발평가는 폐지하고 교원평가 도입 이전의 원점에서—아주 길게 돌아왔지만—새로운 대안을 모색해야 한다. 사실 교원능력개발평가가 도입되며 기존 교사들이 자생적으로 펼쳐오던 수업평가 등이 다 고사하였다. 다시금 이에 주목할 필요가 있다. 학교 현장은 단일한 조건과 환경에 놓여 있지 않다. 사교육에 찌든 중산층이 주로 거주하는 신도시 지역부터 다문화 학생이나 결손 가정이 즐비한 농산어촌 지역까지 교실의 존재 양상은 정말 다양하다. 또한 같은 학교 안에서도 어떤 반을 맡느냐, 어떤 구성원이 모이느냐에 따라 복불복 효과가 크다. 내실 있는 교육 전문성을 고양하기 위한 피드백을 하려면 교사들이 스스로 필요한 바를 학생들에게 묻고 토론하여 실질적으로 교육활동 개선이 이루어질 수 있도록 해야 한다. 이러한 수업평가는 기존 교원능력개발평가의 인신 평가 패러다임에서 벗어나 교사 고유의 직무 자체를 평가하는 형태로 보다 정제된 것이기도 하다.

또 하나 중요한 점은 수업평가가 강요되어선 안 된다는 점이다. 설문이나 토론이 이루어지기 어려운 특수한 상황에서 부과되는 강제는 형식화만 초래하여 개선 효과는 거의 없이 도리어 다른 과제에 투입할 교육력을 낭비시키기만 할 것이다. 더구나 지금은 교사들이 잇따라 죽어나가고 있다. 미국의 저명한 심리학자 매슬로우가 제시한 욕구 5단계 중 하위 단계인 생존 자체를 고민해야 하는 상황(생리적 욕구와 안전의 욕구 추구 단계)에서 그 이상의 개선을 위한 여력(사회적 욕구, 존경의 욕구, 자아실현의 욕구 등)을 만들어내기 힘든 현실이다. 따라서 이러한 수업평가를 적극적으로 조장할 필요성이 있다면 평가를 진행하는 교사에게 인센티브 주는 것을 모색하기 정도가 최선이리라 본다.

한때 교원능력개발평가는 뜨거운 감자였다. 그러나 시대가 변한 이제는 이미 식은 감자가 되었다. 새로운 모색이 필요하다. 인신 평가(교원평가)에서 직무 평가(수업평가)로, 형식화를 초래하는 강제 부과에서 내실을 꾀하게 될 자율성 극대화의 원칙으로 그 해법을 찾아가야 할 것이다. 장기적으로는 교사들이 자신의 수업이나 교실 생활을 자발적으로 돌아보고 스스로 건실한 피드백을 할 수 있는 문화가 정착되어야 한다. 그 시작은 건강한 평가를 자리 잡게 하는 제도의 뒷받침이라 할 수 있다.

교원단체,
언제까지? 어떻게?

천경호
성남 보평초등학교 교사

1997년 12월 13일 제정된 교육기본법 제15조에는 다음과 같은 조항이 신설되었다.

> **정책실행과정**
> ① 교원은 상호 협동하여 교육의 진흥과 문화의 창달에 노력하며 교원의 경제적·사회적 지위를 향상시키기 위하여 각 지방자치단체 및 중앙에 교원단체를 조직할 수 있다.
> ② 제1항의 규정에 의한 교원단체의 조직에 관하여 필요한 사항은 대통령령으로 정한다.

● 이 글은 〈교육언론 창〉에 소개된 글을 일부 수정한 것입니다.

하지만 1997년 12월 13일 이후 만 26년이 다 되어가는 지금도 '제1항의 규정에 의한 교원단체의 조직에 관하여 필요한 사항'을 '대통령령'으로 정하지 않았다. 여전히 '한국교원단체총연합회'가 교원단체의 법적 지위를 독점하고 있고, 교육부는 해야 할 일을 26년째 하지 않으며 교총 이외의 교원단체 설립을 제한하고 차별하고 있다.

사실 해외 사례 대다수를 보면 교원단체와 교원노조를 분리하지 않는 경우가 많지만 우리나라는 교육기본법에 의거한 '교원단체'와 교원의 노동조합 설립 및 운영 등에 관한 법률에 따른 '교원노동조합'을 나누고 있다. 이 둘의 법적 권리는 두 가지 측면에서 차별성이 있기도 하다.

첫째로 교육기본법 제15조 제2항에 의거한 교원단체의 조직에 관해서는 필요한 사항이 만들어지지 않아 새로운 교원단체의 진입을 차단하고 있다. 반면에 교원노조는 설립 및 운영 등에 관한 법률이 있어 실제로 많은 교원노조가 활동하고 있다. 노조 설립 요건이 까다롭지 않기 때문이기도 하다.

둘째로 교원노조는 조합원의 임금, 근무조건, 후생복지 등 경제적·사회적 지위 향상에 관하여 교섭하고 단체협약을 체결할 권한을 가지는 반면 교원단체는 「교원 지위 향상 및 교육활동 보호를 위한 특별법」 제11조 내지 제13조의 규정에 따라 교원의 전문성 신장과 지위 향상을 위한 교섭·협의에 관해 권한을 갖는다.

놀라운 건 교육법 제80조의 규정에 의하여 중앙 및 특별시·직할시·도에 조직된 교육회가 교육부 장관 및 교육감을 교섭·협의의 당사자로 하여 교섭협의를 한다고 하였으나 교육회의 지위는 오롯이 '한국교원단체총연합회'에만 부여되고 있다는 점이다. 이유는 간단하다. 교원단체 설립 및 운영 등에 관한 법률이 없기 때문이다. 모 교원단체 회장이나 노조위원장이 실천교육교사모임이나 좋은교사운동, 새로운학교네트워크 등을 법적 지위가 없는 단체라고 운운하는 배경에는 전적으로 교육부의 입법부작위에 따른 책임이 있음을 알아야 한다.

다음은 교섭협의 사항의 범위다.

---

1. 봉급 및 수당체계의 개선에 관한 사항
2. 근무시간·휴게·휴무 및 휴가 등에 관한 사항
3. 여교원의 보호에 관한 사항
4. 안전·보건에 관한 사항
5. 교권 신장에 관한 사항
6. 복지·후생에 관한 사항
7. 연구 활동 육성 및 지원에 관한 사항
8. 전문성 신장과 연수 등에 관한 사항
9. 기타 근무조건에 관한 사항

교원노조가 '조합원의 임금, 근무조건, 후생복지 등 경제적·사회적 지위 향상'에 관한 사항으로 단체협약을 맺는다면 교원단체는 이에 더하여 '5. 교권 신장에 관한 사항 및 7. 연구 활동 육성 및 지원에 관한 사항과 8. 전문성 신장과 연수 등에 관한 사항'을 추가로 교섭협의할 수 있다.

교원단체는 교섭·협의권을 갖고 교육부와 협의문을 함께 작성할 수 있지만 교원노조는 교육부와 단체협약을 맺을 수 있다. 그러나 단체협약과 교섭협의에는 한 가지 큰 차이점이 있다. 법적으로 교원단체의 합의문보다 교원노조의 단체협약이 우선시된다는 점이다. 단체협약은 노동법으로 강력히 보호받기 때문이다. 다시 말해서 교원노조의 단체교섭권이 교원단체의 교섭협의권보다 강제성이 더 크다는 뜻이다. 7월 18일 서이초 사건 이후 교사들의 연이은 추모집회는 교원노조 단체협약 체결사항과 교원단체 교섭협의 사항의 범위를 다시 생각해 보게 하였다. 바로 '교육정책에 관한 단체교섭이나 단체협약' 이야기다. 자, 이제 한 발 더 나아가보자. 교육정책에 대한 논의에 앞서 교육정책을 결정하는 교육부나 교육부 구성원을 살펴보아야 한다.

교사 경험 없는 인사들의 행정

먼저 교육청의 조직도를 살펴보자. 어느 조직이건 예산과 정책을 담당하는 부서의 역할이 중요하다. 서울시 교육청의 총무과, 예산 담당관, 정책기획관 세 부서를 살펴보았다. 이 중 교사 출신의 장학사는 총무과에 61명 중 0명, 예산 담당관 19명 중 1명, 정책기획관 29명 중 6명이었다(2023년 9월). 이 셋의 기능을 한데 모은 경기도교육청의 정책기획관실에는 교사 출신이 48명 중 9명이었다. 시도교육청의 교육행정이 왜 학교중심이 아니라 교육청중심인지 교육청 인사를 통해 짐작해볼 수 있지 않은가?

그렇다면 시도교육감실은 어떨까? 경기도교육청 교육감실 직원 10명 중 장학사는 0명이었고, 서울시교육청 교육감실에는 13명 중 1명이었다. 그렇다면 교육부 소속의 부교육감은 어떨까? 경기도는 1, 2부 부교육감 모두, 서울도 부교육감실에는 교사 출신 장학사가 없다. 교사도 아니고 교육 경력이 있는 장학사도 아닌 일반인이 교육감과 부교육감과 소통하며 의견을 주고받는다. 교육감 가까이에서 학교 현장의 이야기를 전달할 수 있는 사람이 거의 없다. 여지껏 아동학대로 신고당한 교원의 직위해제에 대하여 교육감실 누구도 이의를 제기하지 않고 현장교원의 의견을 들어야 한다고 말하지 않은 이유가 짐작이 간다. 여기서 한 발짝 더 나아가보자.

교육통계서비스에 따르면 유·초·중·고·특수학교 정규교원 및 기간제 교원을 모두 포함하여 2023년 서울시교육청의 교원

수는 7만 4,340명이고, 경기도교육청의 교원 수는 12만 9,561명이다. 서울시교육청 감사실에는 44명의 직원 중 4명이 장학사였고, 경기도교육청은 45명의 감사실 직원 중 장학사 혹은 장학관이 3명이었다. 다시 말해서 학교교육과정 계획, 운영, 평가 등에 관한 경험과 지식이 전무한 감사관들이 교사 수만 명을 감사하고 있다는 뜻이다. 그렇다면 경찰이나 소방 계열도 해당 직무 출신이 아닌 사람들이 현장의 경찰관과 소방 대원을 감사하고 있을까?

경찰청은 2011년 이전까지 경무관급을 자체 감사관으로 임명해왔으나 2011년 6월부터 외부 인사를 개방형 직위로 보고 2년 임기의 감사관으로 채용하고 있다. 감찰 업무는 전부 해당 사무에 3년 이상의 실무 경험이 있는 경찰 간부로 구성한다. 소방방재청의 감사팀도 마찬가지다. 이들은 전부 현장 경험을 필수로 요구하고 있다. 그렇다면 교육청은 왜 현장 경험이 전무한 이들이 감사실의 최고 책임을 맡고 구성원 대다수를 일반직으로 채우고 있을까? 이는 앞서 서울과 경기 두 시도교육청의 인사와 재정을 맡고 있는 부서의 인적 구성을 되짚어보면 이해할 수 있다.

그들은 교사를 교육의 전문가로 보지 않는다. 교사들 역시 인사와 재정 그리고 감사와 같은 영역은 자신들의 영역이라고 여기지 않았다. 과거부터 지금까지 그래왔으니 누구도 이의를 제기하지 않았던 것이다. 눈앞의 학생과 학부모에게 주의를 기울이느라 학교 밖에서 결정되는 수많은 구조적 모순을 살펴볼 시간이나 기회가 없었던 것이다. 그렇다면 이를 짚어줄 곳은 어디여야 했을까? 바로 교원단체가 아니었을까?

교원단체의 바람직한 역할

이제라도 모든 교원이 합심하여 교육기본법 제15조 제2항에 의거한 교원단체 설립 및 운영 등에 관한 법률 제정을 요구해야 한다. 교원의 복리후생과 전문성 신장에 더하여 교육정책을 놓고 단체협약, 교섭협의권도 요구해야 한다. 교육부와 시도교육청의 인사, 재정, 감사에 대한 교원연수를 시작하고, 경찰청이나 소방방재청이 경찰이나 소방관을 발령 내듯이 해당 부서에 각 교원단체 소속 교사들을 파견이 아닌 정식발령 형태로 포진시켜야 한다. 현장교원들이 시도교육청 및 교육부 산하의 다양한 국책기관 및 연구 기관에 진출하여 폭넓은 경험을 쌓고 현장에 돌아와 알맞은 정책을 제안하고 추진하고 평가할 수 있는 역량을 길러낼 토대를 마련해야 한다.

 학교 현장을 모르는 선출직 출신의 교육부 장관과 교육감들 주변에 다수의 현장 경험을 가진 교사와 장학사가 함께 할 수 있는 교육부, 교육청 조직으로 개편해야 한다. 수직적 위계질서에 충실한 고시 출신 교육행정기관 일반직의 경직된 관료 사회에 수평적 학교문화에 익숙한 교사와 장학사의 진출을 확대해야 한다. 다양한 기관에 진출하여 해당 분야의 경험을 통해 전문성을 쌓은 교사들이 다시 학교 현장으로 돌아오도록 순환근무를 실시하여 현장교원의 교육정책에 관한 전문성을 신장하는 일도 필요하다.

높은 학력의 인재를 교사로 선발해온 한국의 특수한 상황은 여전히 다른 나라와 큰 차별점이다. 이와 같은 인재가 공교육 전반에 걸쳐 다양한 경험을 쌓게 해야 한다. 여기에 더하여 조직개편은 전문성을 갖춘 다양한 교원단체와 상시적인 협의를 진행하며 실시해야 공교육이 정상화될 수 있다. 상시적인 협의는 전부 공개적인 자리에서 영상과 음성으로 기록하고 그 기록을 사회에 공개함으로써 교원단체 간 전문성 경쟁을 유도해야 한다. 이처럼 학교 현장과 직접 소통할 수 있는 통로를 전방위적으로 확대하는 구조를 만드는 것이, 무너져가는 공교육을 근본적으로 정상화하고 교권을 회복하는 바탕이 될 것이라고 생각한다.

학교폭력, 이제는 바꾸자

김승호
청주 서원고등학교 교사

2023년, 광장에 선 교사들이 힘주어 이야기한 것 중 하나가 학교폭력예방법에 관한 내용이다. '학교폭력 예방 및 대책에 관한 법률(이하 학폭법)'이 2004년에 처음 생길 때만 하더라도 이 법이 학교를 이렇게 바꿔놓을 것이라고 예측한 사람은 아무도 없을 것이다. 올해로 만 20년을 맞이한 학폭법은 첫 제정부터 28번의 개정을 거쳤으니 1년에 한 번 이상 바뀐 셈이다. 실제로 2011년 대구 중학생 사건 이후 강화된 학폭법은 오늘까지 현장에 큰 영향을 미치고 있다. 그럼에도 법을 매년 수정했던 이유는 학교폭력 문

● 이 글은 〈교육플러스〉에 연재한 글을 일부 수정한 것입니다.

제에 우리가 제대로 대응하지 못하고 있기 때문일 것이다.

우선 학폭법에서 학교폭력을 어떻게 규정하고 있는지 살펴보자.

> "① 학교 내외에서 ② 학생을 대상으로 발생한 ③ 상해, 폭행, 감금, 협박, 약취·유인, 명예훼손·모욕, 공갈, 강요·강제적인 심부름 및 성폭력, 따돌림, 사이버 따돌림, 정보통신망을 이용한 음란·폭력 정보 등에 의하여 ④ 신체·정신 또는 재산상의 피해를 수반하는 행위를 말한다."

학교폭력의 정의는 매우 광범위하다. 일단 '① 학교 내외'라고 표현되어 있는데 이는 곧 어디서 일어났는지 무관하다는 말과 같다. 학교에서 교육활동 중에 일어난 사안이든, 집에서 형제가 다툰 사안이든 상관없다. 중요한 것은 '② 학생을 대상으로 발생'하였는가이다. 따라서 집에서 형제가 다투었더라도 피해자가 학생이라면 학교폭력의 정의에 해당한다. ③과 ④는 학교폭력이라고 부르는 내용의 실체를 다룬다. 흔히 ③보다는 ④에 집중해서 해석하는데, 이를 종합하면 학생이 신체·정신 또는 재산상의 피해를 입었다면 학교폭력이라고 할 수 있다.

과거에는 이와 유사한 일을 학원學園폭력이라고 불렀다. 국립국어원 우리말샘에 따르면 학원폭력은 학교 및 기타 교육기관 등에서 학생들 간에 일어나는 폭력을 말한다. 이제는 학교폭력이라는 용어가 이를 완전히 대체했다고 할 수 있다. 그러나 학원폭력의 뜻을 살펴보면 학교폭력과는 좀 다른 의미라는 것을 알 수 있다. 학원폭력은 적어도 그 대상이 분명하게 '학생들 간'에 일어나는 폭력이기 때문이다. 학교폭력은 학생이 피해를 입었다면 가해측이 어른이든 미취학아동이든 구분하지 않는다. 따라서 학교폭력이라는 용어가 가리키는 범위는 보다 광범위해졌다고 볼 수 있다.

학교폭력 개념의 문제점

누구나 알 법한 개념을 자꾸 언급하는 이유는 이 정의에 실제로 구멍이 존재하기 때문이다. 첫째는, 가해 학생을 누락한다는 점이다. 무슨 말일까? 학교폭력은 반드시 피해자가 학생이어야만 한다. 예컨대 학생이 어른을 폭행하거나 또는 학교에 다니지 않는 청소년의 돈을 갈취한다고 해서 학교폭력이 되지 않는다. 둘째는 반대로 미인가 대안학교나 학교 밖 청소년은 포함되지 않는다는 점이다.

가장 중요한 문제는 범죄 행위가 될 만한 심한 폭력과 고의성이 약한 장난이 불러온 폭력을 제대로 처리하지 못한다는 것이다. 왜 그럴까? 가상으로 설정한 다음 두 가지 상황을 비교해보자.

> **상황 1**
>
> 학생들이 서로 장난을 치다가 감정이 격해져 욕을 주고받았다. 한 학생이 욕을 들었다며 학폭으로 신고하였다. 신고당한 학생은 분노하여 그동안 있었던 유사한 일들을 모두 학폭이라고 신고하였다. 심지어는 과거에 서로 장난삼아 욕을 주고받던 카톡 내용까지 모두 증거 자료로 제출하였다.

상황 1은 서로 감정이 격해져서 생긴 일이므로 교사가 잘 달래어 학생들이 화해를 하는 것도 하나의 방법으로 보인다. 학생들 사이가 틀어진 것이 원인이기 때문이다. 잘못된 대응은 어긋난 사이를 더 갈라놓기도 할 수 있다.

그런데 학교에서 이 일을 처리하는 방식을 검토해보자. 먼저, 학생이 신고하는 순간 상황 1은 '학교폭력 사안'으로 접수되고 조사가 진행된다. 상황이 뻔히 눈에 보이니 화해를 시키고 싶지만, 가해 학생으로 지목된 학생을 조사하는 순간 그 학생은 화가 나서 역으로 피해 학생을 신고하기에 이른다. 이럴 때 교사 입장에서는 화해보다는 '절차'가 우선이다. 학교폭력 대응 매뉴얼은 빽빽하게 절차를 만들어 놓고 있다. 혹시라도 절차대로 하지 않았을 경우에 문제가 생길 수 있다는 얘기를 학교폭력담당교사 연수 때 반복해서 들어왔다. 따라서 교사는 절차대로 사실관계 확인서를 받는다. 특히 카톡으로 주고받은 욕은 근거가 명확한,

사실관계를 입증하는 자료가 된다.

 분명 처음 사건을 접수할 때는 화해시키는 것이 좋은 방법이라고 생각했지만 실제로 일을 진행하는 과정에서는 그렇게 하기가 어렵다. 피해 학생과 가해 학생을 조사하고 분리하는 것이 절차상 우선해야 할 일이 되기 때문이다. 이 과정에서 둘은 화해의 가능성을 갖게 되기보다는 오히려 서로에게 더 앙금을 품는다. 게다가 양측 부모들도 억울함을 호소하며 과거에 있었던 갈등 사례들을 다 언급하고 증거로 제시한다.

 결국 끝까지 절차를 따라 학교폭력대책심의위원회로 넘어간다. 심의위원회에서도 어떤 상황인지는 이해하지만 양측에서 서로 감정이 상해 있고, 어찌되었든 피해가 발생했다는 증거와 증언이 있으니 1호 또는 2호 정도의 조치를 내릴 것이다. 그러면 이제 이 문제는 해결되었는가? 그렇지 않다. 대략 한 달 정도의 기간 동안 학생들은 학교폭력 처리 절차에만 따랐을 뿐, 실제로 관계 회복은 이루어지지 않았다. 오히려 학생, 학부모들은 골만 깊어졌다. 학교를 원망하는 경우도 많다.

 다음에 살펴볼 상황 2는 심각한 폭력 행위로 선처의 여지가 없다. 학교에서 조사를 하려고 하면, 피해 학생은 여럿에게 맞다 보니 자신을 때린 사람이 누구인지도 모른다고 한다. 같은 학교 학생도 아니다 보니, 가해 학생들 학교에 공문을 보내 조사해달

> **상황 2**
>
> 학교가 끝난 시간, 학교 밖 공원에서 학생들이 집단으로 싸움이 붙었다. 이 과정에서 여러 학교 학생들이 한 학생을 폭행하였다. 피해 학생은 큰 부상을 입었고 병원에 입원하였다. 피해 학생의 부모는 이 일을 학교에 학교폭력으로 신고하며 가해 학생들을 엄벌에 처해달라고 요청하였다.

라는 요청을 하지만 가해 학생으로 지목받은 학생은 자기가 옆에 있기만 했다면서 때린 사실을 부인한다. 이렇게 되면 조사를 하기가 어렵다. 교사에게는 수사권이 없다. 매뉴얼에는 이런 경우 학생을 더 조사하기보다 주변 목격자 등의 진술을 받으라고 되어 있지만 마땅한 방법이 없다.

운이 좋게도 가해 학생들을 빠르게 발견하고 구분할지라도 집단폭행이라는 사실에 대한 사회적 분노에 비해 학교폭력심의위원회가 할 수 있는 조치에는 한계가 있다. 중학생의 경우 가장 심한 처벌은 전학, 고등학교의 경우는 퇴학까지 가능하지만 이러한 조치에 만족하기가 쉽지 않다.

대표적인 것이 이른바 '정순신 사건'이다. 결과적으로 높은 수준의 처분인 전학 처분을 받았지만, 정시로 서울대학교에 진학했다는 사실을 놓고 국민들은 분노를 표출했다. 결국 학교폭력의 경우에 수시와 정시를 가리지 않고 대학 진학에 반영하게 되었다.

이 사건이야말로 학교폭력 처분의 특성을 잘 보여준다고 할 수 있다. 이 처분은 결코 '처벌'이 아니다. 가장 높은 수준의 처분조차 실제 법적 처벌에 비하면 약하다. 범죄 행위에 가까운 대중적 분노를 살 이러한 폭력들은 사법기관에 의해 처벌받아야 할 일이다. 그런데 국민들은 학교의 학교폭력처분이 이러한 역할을 할 것으로 기대하고 있다.

처분뿐 아니라 사안 조사도 마찬가지다. 실제로 어느 학부모는 학교폭력 사안 조사를 하는 담당 교사에게 상대 학생의 핸드폰에 대한 '디지털 포렌식'을 의뢰했다고 한다. 학교는 교육기관이지 수사 기관이나 처벌 기관이 아닌데도 국민들은 학교폭력 사건을 두고 학교에 너무 많은 기대를 하고 있다.

작은 갈등에서 심각한 사안까지 똑같은 잣대로 처리하는 현실

상황 1과 상황 2는 모두 학교폭력에 해당한다. 그러나 그 종류와 정도가 다르다. 이 둘을 일관되게 학폭법에 따라 처리하다 보니 사소한 사안과 심각한 사안 모두 제대로 된 대처가 힘든 상황이 발생하는 것이다. 이는 마치 칼에 찔린 상처에도 마음의 상처에도 똑같이 '파스'를 붙이는 것과 같다고 할 수 있다. 이를 그림으로 표현하면 다음과 같다.

학폭법에서 말하는 학교폭력의 범위

- 학교폭력 절차가 불필요한 작은 갈등 (감정 다툼)
- 학교에서 해결하기 힘든 심각한 사안 (유사 범죄 행위)
- 실제로 학교에서 다뤄야 하며 다룰 수 있는 폭력 행위 (교내에서의 싸움, 우발적인 무력 갈등)

이 상황을 어떻게 개선해야 할까? 일단 사안을 분리해보자. 예를 들어 학폭법에 학교폭력 '범죄'라는 개념을 신설하는 방법이 있을 수 있다. 꼭 범죄라는 표현이 아니어도 좋다. 학교에서 다루기 어렵거나 심각한 사안들을 학교전담경찰관에게 이관할 수 있는 기준을 만들고 학교는 그 조사에 따라 적절한 교육적 지도 방안을 마련하면 된다. 현재는 학폭법으로 만들어진 학교전담경찰관의 역할이 모호하다. 194쪽 법령을 보자.

학교전담경찰관은 다양한 업무를 수행하도록 되어 있지만 실제로 학교가 하는 일과 대부분 겹치면서 역할이 불분명하다. 또한 학교전담경찰관 1명이 맡는 학교가 수십 개에 달하면서 유명무실해졌다. '학교폭력은 범죄'라는 대중적 인식이 높다면 차라리 학교폭력 범죄에 대해서는 학교전담경찰관의 수사권을 확대하고 역할을 강화할 필요가 있다. 예를 들어 성폭력처벌법에서

> **학교폭력예방 및 대책에 관한 법률**
>
> 제20조의 6(학교전담경찰관)
> ① 국가는 학교폭력 예방 및 근절을 위하여 학교폭력 업무 등을 전담하는 경찰관을 둘 수 있다.
> ② 제1항에 따른 학교전담경찰관의 운영에 필요한 사항은 대통령령으로 정한다.
>
> **학교폭력예방 및 대책에 관한 법률 시행령**
>
> 제31조의 2(학교전담경찰관의 운영)
> ① 경찰청장은 법 제20조의 6 제1항에 따라 학교폭력 예방 및 근절을 위해 학교폭력 업무 등을 전담하는 경찰관(이하 "학교전담경찰관"이라 한다)을 둘 경우, 학생 상담 관련 학위나 자격증 소지 여부, 학생 지도 경력 등 학교폭력 업무 수행에 필요한 전문성을 고려해야 한다.
> ② 학교전담경찰관은 다음 각 호의 업무를 수행한다.
>   1. 학교폭력 예방활동
>   2. 피해 학생 보호 및 가해 학생 선도
>   3. 학교폭력 단체에 대한 정보 수집
>   4. 학교폭력 단체의 결성 예방 및 해체
>   5. 그 밖에 경찰청장이 교육부 장관과 협의해 학교폭력 예방 및 근절 등을 위해 필요하다고 인정하는 업무
> ③ 학교전담경찰관이 소속된 경찰서의 장과 학교의 장은 학교폭력 예방 및 근절을 위해 상호 협력해야 한다.

는 성폭력범죄 피해자에 대한 전담조사제가 실시되고 있는데, 이에 준하는 방식으로 운영하는 것이다. 성폭력범죄의 처벌 등에 관한 특례법에는 성폭력범죄 전담 검사 지정, 성폭력범죄 전

담 사법경찰관 지정, 이들에게 수사에 필요한 전문 지식과 피해자 보호를 위한 수사 방법 및 절차에 관한 교육 실시 등의 내용이 명시되어 있다.

이로 인한 장점은, 학교전담경찰관에게 이관하지 않아도 되는 사안은 현행 절차보다 가벼운 방식으로 갈등 조절과 교육적 지도를 하도록 할 수 있다는 것이다. 학교에서 할 수 있는 일과 형사 사건을 별도로 분리하여 처리하는 것은 외국에서도 자연스러운 일이다.

> - 영국은 형사 사건으로 분류할 수 있는 사안의 조사 및 처리를 경찰이 담당하도록 한다. 1998년도에 영국은 경찰과 학부모에게 학생 지도 및 단속 의무를 법적으로 부여하였다. 따라서 경찰은 학교폭력 신고를 접수하며 가해 학생을 평가한다. 이때 평가의 기준은 위험성 요인으로 범법행위의 형태, 심각성, 유죄판결의 가능성, 자백 여부, 범죄 전력 등을 조사한다.
> - 핀란드는 '학교 내에서 해결할 수 있는 학교폭력 문제'와 '범죄의 성격을 띠는 폭력 문제'를 구분하여 접근한다. 교사는 '범죄'에 해당하는 사안을 즉시 경찰에 신고하여 필요하다면 일반 사회의 법에 따르도록 한다. 사이버폭력, 성폭력과 같은 사안은 학교에서 조사 및 처리할 수 없기에 학교에서 처리할 수 있는 범위까지만 학교폭력으로 여기는 것이다.
>
> — 현장교원 정책 TF팀 연구보고서
>
> - 프랑스는 2022년 2월 학교폭력을 범죄로 처벌하는 법안을 통과시켰다. 학교폭력 피해자가 학폭 피해로 최대 8일까지 결석해야 하는 경우 가해자는 4만 5,000유로(한화 약 6,000만 원)의 벌금을 내야 한다. 피해자가

> 더 오랜 기간 결석해야 하거나 극단적 선택을 시도하면 가해자에게는 최대 징역 10년, 최대 15만 유로(한화 약 2억 원)의 벌금이 선고될 수 있다.
> - 「대법원, '학교폭력 범죄 처벌'에 관한 '비교법적 연구' 나서」
> (이용경, 〈법률신문〉, 2023년 8월 25일)

학교는 교육을, 수사 및 조사는 경찰이

그렇다면 학교가 해야 할 일은 무엇일까? 크게 두 가지다.

첫 번째는 교육기관으로서의 역할이다. 학교폭력은 가해 학생과 피해 학생 모두에게 교육이 필요한 지점을 발생시킨다. 가해 학생에게는 잘못에 대한 훈계, 훈육을 해야 하고 피해 학생에게는 당사자가 피해 사실을 이겨내고 강해질 수 있도록 관찰과 적절한 지지가 필요하다. 학교가 이 역할을 제대로 하지 못하면서 생겨난 학폭법이지만, 이 법이 학교의 역할을 살려냈다고 보기 어렵다. 오히려 학교를 사법기관화하면서 법적 쟁송의 대상으로 만들었고 그 결과 학교폭력 사건을 두고 학교는 교육기관 역할에서 더욱 멀어져버렸다.

두 번째는 연결기관으로서의 역할이다. 학교폭력 사안이 발생했을 경우 학교는 허브의 역할을 하는 것이 바람직하다. 즉 가능하다면 학교가 사안을 자체적으로 처리하되 학교에서 할 수 없는 것들은 적절한 기관과 연계하는 것이다. 심각한 사안 조사는 전담경찰이 맡으며, 피해를 입은 학생에겐 병원이나 심리상담을 연결해줄 수 있어야 한다. 피해 학생과 학부모가 직접 자신이 지원받을 방법을 찾거나 기관을 알아보는 형태가 아니라 학교가 이 역할을 해야 한다. 사회 속에서 학교의 역할이란 이렇게 연결점이어야 하지만, 정작 우리나라에서는 학교에 모든 사회의 기능을 다 넣어버리고 교사들에게 모든 역할을 맡겨버렸다. 그 결과 학교폭력 사안 발생 시 교사는 절차적 처리에만 집중하게 되고 가해 학생의 처분도, 피해 학생의 회복도 누구 하나 만족시키지 못하는 결과를 낳는 것이다.

이러한 개정 방안은 교사를 전문가로 믿어줄 때 가능하다. 그리고 교사를 교육적 전문가라고 주장한다면, 전문가로서 책임을 지게 하는 것이 마땅하다. 지금처럼 매뉴얼을 만들어 세세하게 운영하는 방식은 비전문가를 대하는 방식이다. 학교폭력 문제는 계속해서 잘못된 방향으로 가고 있다. 이는 가해자에 대한 엄벌이냐, 피해자에 대한 회복이냐의 문제가 아니다. 현재로는 전자도 후자도 제대로 이루어질 수 없다. 그리고 그 원인은 학교폭력이라는 광범위한 개념 정의에 있다.

학교장의 자격과 제도를
바꾸어야 하는 이유*

천경호
성남 보평초등학교 교사

교권 관련 갈등은 직접적으로는 교사와 학부모의 갈등인 것처럼 보인다. 그러나 다른 한편, 학교장은 무엇을 했는지 묻는 질문도 나온다. 학교장이 제대로 리더십을 발휘했더라도 이런 일들이 발생했을까? 만일 발휘하지 못하였다면 그 원인은 무엇인가? 그것이 학교장 승진제와는 관련이 없을까? 최근 경남교육청에서는 교장 자격증을 가진 한 교장이 "예쁜 선생이면 민원도 없다."는 갑질을 해서 논란이 일었다. 이 글에서는 학교장 승진제와 학교 리더십에 관련된 이야기를 해보고자 한다.

● 이 글은 〈교육언론 창〉에 실린 글을 일부 수정한 것입니다.

승진제도 평정으로 살펴보는 교장의 역량

2023년 2월 28일 기준 교장승진제도 평정은 크게 4가지 영역으로 나뉜다. ①경력평정(70점) ②근무성적평정(100점) ③연수성적평정(교육성적 27점+연구실적: 연구대회 입상 실적 또는 학위취득 3점=30점) ④가산점 영역이다. 이중 ④가산점을 제외한 ①경력평정 ②근무성적 평정 ③연수성적평정은 전국이 동일하다.

필자는 교육경력이 20년 넘었으므로 70점 만점이다. 경력평정의 존재는 경력이 쌓인 만큼 전문성도 저절로 향상되었을 것으로 가정함을 가리킨다. 근무성적평정은 동료 교원에게 40점, 교감에게 20점, 교장에게 40점 할당되어 있다. 이들은 무엇을 기준으로 나의 교육전문성을 평정할까? 내 수업과 생활지도를 얼마나 살피고 검증할 수 있을까? 수업과 생활지도로 판단할까? 아니면 담당업무의 중요도나 난이도로 판단할까? 후자가 아닌가? 과연 경력은 교사로서 나의 어떤 전문성을 향상시켰을까?

연수성적평정은 교육성적이 27점, 연구실적이 3점이다. 타인이 만들어 놓은 자격연수와 직무연수를 잘 받으면 된다. 자격연수와 직무연수 프로그램은 학교 현장의 필요로 결정된 것일까? 교육감의 교육공약을 기반으로 결정된 것일까? 이들은 누구의 목소리에 더 귀를 기울이게 되는 걸까?

연구실적은 교육부와 시도교육청 혹은 한국교원단체총연합

회에서 주관하는 연구대회 입상 실적과 석박사 학위로 얻을 수 있다. 스스로 연구하여 강의를 개설하거나 학술지 논문을 쓰는 건 반영되지 않는다. 교원의 전문성 신장을 위해 인정이 필요한 연구실적은 교육행정기관이나 특정 교원단체가 주관하는 연구대회 입상, 학술지 논문 게재 중 무엇이 더 연구전문성을 담보할까? 타인이 만든 강의를 듣는 것이 전문성 신장에 더 도움이 될까? 자신이 연구한 결과를 강의하는 것이 전문성 신장에 더 도움이 될까?

교장 승진에 필요한 가산점

가산점에는 공통가산점과 선택가산점이 있다. 공통가산점은 교육부 지정 연구학교 근무 여부로 1점, 재외교육기관 파견 여부로 0.5점, 직무연수 이수실적 1점, 학교폭력 예방 대응 실적이 1점 이내로 되어 있다. 교육부 지정 연구학교는 어떤 연구 프로젝트를 기반으로 어느 연구 기관과 함께 얼마나 오랜 기간 운영되는 것일까? 연구 주제는 유·초·중·고·특수학교 현장의 필요에 의해 선정된 주제를 기반으로 하는 것일까? 아니면 정당 출신 정치인 경력을 가진 선출직 교육부 장관 그리고 교육감의 공약과 판단에 의한 것일까?

다음 표의 내용은 2023년에 교육부에서 지정한 연구 주제다.

> 1) 다문화 학생 진로역량 강화를 위한 지역사회 협력 모델 개발
> 2) 디지털 기반 교수·학습 운영을 위한 나이스플러스 활용 방안
> 3) 교육과정적 통합을 위한 특수일반교사 협력 방안
> 4) 고교학점제 전면 시행 대비 학생진로성장지원 중심 학교교육과정운영 및 학교운영 혁신방안
> 5) 초등학교 학교급 전환 시기에 맞춘 진로연계 교육과정 편성·운영 연구

다문화 학생이 겪는 가장 큰 문제가 진로역량 강화일까? 나이스플러스보다 불필요한 행정업무를 간소화하고 각종 교육부나 교육청 사업을 축소 폐지하여 수업 및 생활지도 협의회를 장려하는 것이 더 중요하지 않을까? 고교학점제 운영 시 학교 현장에서 생기는 문제를 충분히 살펴본 것일까? 왜 교육부나 교육청의 지원은 언급이 없을까? 연구 주제는 누구의 의사결정 과정을 거쳐 정해진 것일까? 학교 현장일까? 아니면 교육부일까?

사실 경력평정, 근무성적 평정, 연수성적 평정은 큰 차이를 보이지 않는다. 대부분 가산점 특히 시도교육청별 선택 가산점에 따라 달라진다.

그렇다면 선택가산점은 어떤 항목으로 구성되어 있을까? 경기도를 예로 들어보자. ①보직교사 경력 ②장학사 및 교육연구사 경력 ③도서 벽지 및 접적지역 근무 경력 ④농어촌 공단 접경

지역 근무 경력 ⑤교육감(교육장) 지정 연구학교 유공교원 ⑥수업실기대회 우수교사 경력 ⑦초등돌봄교실 운영 ⑧초등창의지성 교과특성화학교 경력 ⑨초등자율 체육활동체험교실운영지도교사 실습지도 ⑩청소년단체활동 지도교사 ⑪교육청 파견 영재교육 전담교사·영재학교 담당교사 ⑫도지정 발명학교 지도교사 ⑬진로직업 특수교육지원센터 ⑭통합형직업교육 거점학교 근무 경력 ⑮교육지원청 소속 특수교육지원센터 근무 경력 ⑯장애학생 지도 가산점 ⑰보직교사 초과경력 가산점 ⑱담임교사 경력 가산점이 있다.

 이 항목들을 자세히 살펴보면 몇 가지 공통점이 있다. 학교 내 기피 업무이거나, 인사 기피 지역 근무이거나 혹은 교육행정기관의 사업이나 지원 업무라는 것이다. 여기에 교육의 전문성 신장과 깊은 관련이 있는 영역은 없다. 왜 그럴까? 사회가 요구한 법과 제도가 만든 업무의 과부하를 감당하면서 상급기관의 요구를 잘 따라준, 업무를 열심히 한 교사의 인센티브이기 때문이다. 이는 결국 경력이 곧 전문성을 담보하지 못하는 첫 번째 구조적 이유가 된다.

교장과 교사

몇 년 전 상당한 교육경력이 쌓인 한 교사의 학생생활지도 방식이 사회적으로 큰 문제가 된 적이 있었다. 책을 내고 강의도 하는 분이었는데 왜 그런 일이 생겼을까? 그 이유는 잠시 후에 살펴보도록 하자.

필자는 경계선지능을 가진 학생, 자폐성 발달 장애 학생, 청각 장애를 가진 학생, ADHD를 가진 학생, 틱 또는 뚜렛 증상을 보이는 학생, 소아마비를 앓았던 학생 등을 가르친 적이 있다. 다시 말해서 통합학급을 맡은 경력이 많다는 뜻이다. 한부모 가정, 다문화 가정, 조손 가정 등 다양한 가족 형태를 가진 아이들도 가르쳐왔다. 그 모든 아이들을 만나면서 교사로서 겪는 어려움이나 고민을 나눌 기회가 주어진 적도 거의 없었고, 도움을 주는 동료 교사를 만나기도 어려웠다.

교감, 교장에게 업무에 대한 자문은 구할 수 있어도 수업과 학생 지도에 관한 자문은 구하기 어려웠다. 앞서 언급한 첫 번째 구조적 이유 때문이다. 그들이 가진 학생 지도에 관한 전문성은 그저 각자의 경험에 기반한 것일 뿐 타당한 이론적 근거를 바탕으로 실천한 결과에서 만들어진 것이 아니었다. 근거를 물어봐도 이해나 납득이 어려운 설명이었다. 결국 혼자 책을 찾고, 대학원을 진학하고, 논문을 공부하며 길을 찾아가야 했다. 왜 교감과 교장에게 수업과 학생 지도에 대한 자문을 구하기 어려웠을까? 아니다. 왜 교감과 교장은 수업과 학생 지도에 관한 전문성을 갖추기 어려웠을까?

교사들이 수업을 마친 후 동료 교사들과 학생들에게 자주 하는 말이 있다.

'또 회의예요?'

'빨리 집에 가.'

학교마다 1년에 만 오천여 건 넘는 공문이 온다. 셀 수 없이 많은 기관에서 공문을 보내고, 셀 수 없이 많은 법령과 조례가 의무, 권고 등의 이름으로 각종 연수, 사업, 행사, 위원회의, 대장 등을 운영하도록 한다. 이 중에서 학교 현장의 의견을 들어 교육청이나 교육부 절차가 개선된 사례는 거의 없다.

작년에 해왔던 대로 올해도 하고, 올해 해왔던 대로 내년에도 한다. 작년 교육청 업무 담당자가 올해 바뀌었고, 올해 교육청 업무 담당자가 내년에 바뀔 테니까. 그들은 작년 업무 담당자가 작성한 공문을 보고 올해도 공문을 작성하고, 올해 작성한 공문을 보고 내년 담당자가 공문을 작성해서 하달할 테니까. 그렇게 '학교 현장의 업무 경감'은 제목만 전달되고 내용은 전해지지 못한 채 '학교 현장의 업무 누적'으로 변질되어 간다.

쌓이고 쌓여가는 업무는 아이들이 하교한 학교의 일상을 잠식한다. 수업과 생활지도에서 생긴 어려움을 공유하고 이를 해결하기 위한 시간으로 쓰이지 않는다. 교사는 그 어려움을 각자의 교육철학에만 매달린 채 누구의 검증도 받지 못하고 교실 안에서 스스로 해결한다. 스스로 연찬하고 실천하는 교사 개인의 노력이 아니고서는 학교 구성원 모두가 교육에 관한 전문성을 향상시킬 시스템이 없기에, 경력이 쌓일수록 개인 간 교육 전문성의 편차는 커져만 간다. 앞서 언급한 한 교사의 학생생활지도 방식이 사회적 물의를 일으켜 교직을 떠나게 된 이유도, 교장 자격증을 가진 학교장 간 편차가 큰 이유도 여기에 있다고 생각한다. 경력이 전문성을 담보하지 못하는 두 번째 이유가 된다.

왜 책임을 피하게 되었을까?

서이초 사건 이후, 학부모의 교권침해 사안이 발생한 요인으로 학교장의 책임 회피를 중요하게 보는 시선이 대부분이다. 해당 학교 교장이 학부모의 악성 민원으로부터 교원의 교육활동을 보호하기 위해 적극적인 조치를 취하지 않은 이유가 무엇일까? 초등 1학년 시기에는 이후 학교생활 적응에 큰 영향을 미치기 때문에 가장 전문성이 높은 교사를 배치하는 것이 교육학 연구에서 이야기하는 바다. 학교장이라면 학생의 문제행동은 곧 그 아이의 정체성이 아니라 발달 과정상 반드시 거치는 갈등의 순간이며 이를 지도하는 것이 해당 학생에게 꼭 필요한 일임을 강력하게 설득해야 하지 않았을까? 소속 학교 교사의 교육활동을 타당한 근거로 학부모에게 설명하고 설득할 역량이 있었을까? 어쩌면 그들은 자신들의 교육 관련 전문성이 드러나는 것이 두렵지 않았을까?

어떤 학교장이어야 할까?

만약 교사의 생활지도 방식이 문제가 있었다면 더 효과적인 생활지도법을 안내하고 설명해 주어야 하지 않았을까? 교장의 자격을 가졌다면 교사가 학생 지도에 어려움을 겪고 있을 때 전문적인 조언을 해주거나 모든 교원이 한자리에 모여 각자의 전문성을 바탕으로 보다 효과적인 교육적 지도 방법을 논의하고 배울 수 있도록 기회를 주어야 하지 않았을까? 도대체 교장 자격연수 과정은 어떤 내용으로 구성되어 있길래 교장이 이토록 현장 교사가 겪는 어려움을 무시하거나 책임을 교사에게 떠넘기는 것일까? 관계를 맺는 데 필요한 조건이나 능력을 '자격'이라고 한다. 과연 교장 자격은 학생, 학부모 교사와 건강한 관계를 맺는 데 필요한 조건이나 능력을 갖추도록 요구하고 있을까? 초중등교육법 제20조 제1항은 교장의 임무를 기술하고 있다. "교장은 교무를 총괄하고, 소속 교직원을 지도·감독하며, 학생을 교육한다(〈개정 2021년 3월 23일〉)." 이 내용에는 7월 18일 서이초 사건 이후 교사들의 대규모 집회를 통해 과도한 업무와 악성 민원에 시달리는 학교 현장의 이야기가 널리 알려지며 아홉 글자가 더해졌다. "① 교장은 교무를 총괄하고, 민원 처리를 책임지며, 소속 교직원을 지도·감독하고, 학생을 교육한다(〈개정 2021년 3월 23일, 2023년 9월 27일〉)."

다시 질문해보자. 교장승진제도로 교장 자격을 갖출 수 있을까? 그러기 위해서는 학교장으로서 필요한 조건이나 능력을 갖출 수 있는 학교 시스템이 구축되어야 한다. 학교장은 모든 교원이 전문성 신장을 도모하고 보다 진보된 방식으로 사회의 가치를 후대에 전하는 교육의 본질을 지킬 수 있도록 교원의 교육활동을 보호해야 한다. 학교 구성원 다수의 지지를 받는 교육 전문성을 가진 이들이 학교장으로서의 권한을 갖고 책임을 다할 수 있는 제도를 만드는 일이 우선이어야 할 것이다.

학교장의 책무성이
학교를 변화시킨다

정성윤
대구중앙중학교 교장

앞선 글에서는 학교장 선발의 문제점을 주로 이야기하였다. 이 글에서는 학교장이 실제로 갖춰야 할 책무가 무엇인지 살펴보고 그 과정에서 학교가 어떻게 변할 수 있는지 말하고자 한다.

대한민국 헌법과 교육기본법은 학교장뿐만 아니라 교원, 학생 모두에게 기본적인 책무를 부여하고 있다. 교사의 교육권을 보호하고 학생의 학습권을 유지하는 일은 학교교육의 질적 효과를 결정하는 중대한 요소 중 하나이다.

'교장의 책무'란 무엇인가? 국어사전 풀이를 보면 '책무責務'는 직무에 따른 책임이나 임무라고 정의되어 있다. 그렇다면 교장과 교사의 직무와 임무란 무엇일까? 교장은 교무를 총괄하고, 소속 교직원을 지도·감독하며 학생을 교육한다. 그리고 교사는 법령에서 정하는 바에 따라 학생을 교육한다. 이것이 법적 책무다.

여기서 교장과 교사의 공통점은 '학생을 교육한다'는 문구다. 교사는 법령상 수업과 평가를 위한 일 외에 다른 행정업무는 원칙적으로 맡을 이유가 없다. 행정업무는 전적으로 교장이나 교장의 업무를 위임받은 교감과 행정직원으로 한정된다는 뜻이다. '부장'이란 이름으로 교무학사와 관련된 사무보조를 교장이 시킨 것일 뿐이다. 지난 4년간 교장으로 복무하며 필자가 생각한 학교장의 책무성은 다음과 같다.

교사의 교육권 보호를 위한 학교장의 책무

해외 선진학교(OECD 국가 중심)의 공통적인 교장 책무(성)를 살펴보자. 첫째, 교수학습권과 환경 개선이 있다. 학교장은 교사들의 교수 환경 개선에 주된 책임을 두어 교사들이 더 나은 교육환경을 제공받을 수 있도록 교육권, 즉 교수학습권을 보호해야 한다. 또한 학교 시설을 유지 보수하고 교사의 전문성을 개발하는 데에 적절한 투자를 해야 한다.

둘째, 교육 자원 지원과 교원 업무 지원 및 총괄이다. 학교장은 교사들이 다양한 교육 자원에 접근할 수 있도록 교사들에게 필요한 온오프 교육 도구와 교재를 제공할 책임이 있으며, 학생들에게도 다양하고 풍부한 온오프 학습 경험을 하도록 지원하고 스쿨버스 탑승, 결보강, 학생 분리 등도 본인의 역할로 규정해 업무 전반을 총괄해야 한다.

셋째는 전문성 신장을 위한 역할이다. 학교장은 교사들이 교수 전문성을 지속적으로 계발할 수 있도록 체계를 마련해야 한다. 교사들에게 계발 기회를 제공하고, 교사들이 최신 교육 동향을 따라갈 수 있도록 구체적으로 계획을 짜 시간과 기회를 확보해줘야 한다.

해외 학교장들의 역할과 비교할 때 우리나라 학교장들에게 더 보강되어야 할 책무는 무엇일까? 첫째, 학교 자치school governance 능력이다. 기본적으로 소속 학교만의 속성과 특질에 맞게 학교 정책 설계를 구조화시키거나 맞출 수 있어야 한다. 교육부(청) 복명 때문이 아니라 개별 학교의 상황에 맞게, 구성원들과 합리적이고 효율적이며 자주적인 의사결정을 도출할 수 있는 이해·공감 능력이 강화되어야 한다. 얼마 전 소수 교장들이 학교 재량수업조차 스스로 정하지 못해 교육청 지침이 올 때까지 결재를 미루다 언론에 알려진 적이 있었다. 학교장 학교 자치 능력 부족의 대표적 예시라 생각한다.

둘째, 행정업무 경감 및 업무 시스템 개선에 힘써야 한다. 학교장은 교사들의 교수 환경 개선에 주된 책임을 두어 교사들이 더 나은 교육환경을 제공받을 수 있도록 교육권, 즉 교수학습권을 먼저 보호해야 한다. 따라서 학교 시설을 유지·보수하는 작업보다 교사의 전문성을 신장하는 데에 더 많이 투자하고 효율성에 기반을 둔 새로운 시스템으로 변화시켜야 한다. 근본적으로 학교 행정은 교사들이 직접 실행해야 할 법적 근거가 없다. 오직 학교장의 권한 위임에 의한 대리 수행적 역할만 지니며, 강제나 의무 규정이 아니다. 따라서 이에 대한 행정적 시스템을 개선하고 법령을 보강하는 일이 절실한 상태다. 현재 큰 이슈인 '학교 민원 대응' 관련해서도 '교육기관'인 학교가 '행정기관'처럼 직접 처리 혹은 대응하거나 수리하여야 할 그 어떤 법적 근거나 의무가 없음을 눈여겨보아야 한다.

셋째, 학교교육과정 이해, 설계 및 운용 능력(교사주도성 강화)을 키워야 한다. 교사들이 새로운 교육과정, 특히 2022 개정교육과정에서 강조되는 학교교육과정을 효과적으로 이행할 수 있도록 역량 발달 중심의 백워드$^{backward\ curriculum}$● 및 이해중심교육과정^{UbD}을 실행하며 다양한 방법으로 교수자 및 학습자들이 학교교육 자원에 접근할 수 있도록 견인하고 도와주어야 한다. 학

● 기존의 교육과정은 내용을 먼저 배우고 그 내용을 확인하는 문제를 주지만, 백워드 교육과정은 문제가 먼저 있으면 그것을 풀기 위한 내용을 학습하는 형태이다.

교장은 교사들에게 온오프를 막론하고 필요한 교육 도구와 교재를 제공할 책임이 있으며, 이를 통해 교사들이 학생들에게 다양하고 풍부한 성장 중심의 학습 여정과 학습 경험을 제공하도록 온라인 LMS(학습관리시스템)를 지원해주어야 한다.

넷째, 발달적 평가관developmental assessment을 확립하고 방법적으로 실행하는 일을 맡아야 한다. 교사들이 교수 전문성을 길러 학생들을 지식과 역량 중심적으로 평가하는 체계를 설계하여 수업에서 나누는 피드백이 축적될 수 있어야 한다. 학생들의 지식 역량이 고루 발달될 수 있도록 재래적 평가 방법을 발달적 평가 방법으로 대폭 개선하는 작업이 필요하다. 심리학자 비고츠키는 구조주의적 교육과정에서 이를 비계scaffolding와 피드백feedback이라 칭하며 '학생은 스스로 주도할 수 있어야' 하고 '교사는 이를 도와줄 수 있어야' 한다고 역할을 명시하였다. 하지만 우리나라의 전통적 평가관은 1960년대에 주창된 이러한 발달적 평가관의 진화 속도를 전혀 맞추지 못하고 여전히 성적 위주의 상대평가식 지필평가를 국가가 나서서 존속시켜오는 상황이다.

다섯째, 교장 승진 문화의 제도 개선이 필요하다. 현 승진 구조에서 오는 가장 큰 문제점은 이 피해가 저경력 교사 사이에서 더 큰 압력으로 폭발한다는 것이다. 학교 자치 문화가 제대로 정착되지 못하는 큰 이유는 행정 관료적 하달식 복명 문화와 경직된 수직구조의 허술한 학교 시스템 때문이다. 저경력 교사일수록 중압적인 행정업무가 가중되고 이를 둘러싼 스트레스가 계속 이어진다. 또한 단위 학교의 속성에 맞는 교육과정이 원활히 디자인되지 못하여 교사들은 학생 성장에 대한 보상감이 점점 사라진다. 여기에 상대평가에 의한 심리적 스트레스가 증폭된 학부모의 민원이 증가해 오늘날 젊은 교사들에게까지 비극적으로 영향을 미치고 있는 것이다. 이를 학교장이 전면에 나서 책임지지 못하도록 만든 주범은 근본적으로 재래적 교장 승진 문화가 뿌리 깊은 탓이라 여긴다.

최근 우리나라의 관리자들도 놀랍도록 긍정적 변화를 보이고 있으나 교장 승진에 필요한 복잡하고 불필요한 절차와 제한적인 기회 등 많은 부분에서 여전히 개선되어야 할 부분이 많다.

학생의 학습권 유지를 위한 책임과 책무성 강화 방안

학교장은 모든 학생에게 교육적 차별 없이 평등하고 개별화된 학습 기회를 제공해야 한다. 인종, 성별, 장애, 학력, 경제적 상황에 관계 없이 모든 학생들의 학습권을 보호할 수 있어야 한다는 얘기다. 즉, 차별화 교육differentiated education을 위해 평가 정책과 통합정책을 다각도에서 적용, 응용할 수 있도록 직접 설계해야 하며 이러한 논의를 교원들과 자유롭게 진행할 수 있도록 제도를 만들어야 한다. 이제 집단 중심의 국가인재양성식 학교교육이 아닌 개인 중심의 소질과 지식 역량을 강화하는 교육으로 눈을 돌려야 한다. 평가 루브릭 등 엄정한 기준에 맞춰 교사가 학생 역량을 측정하고 학생은 건설적인 피드백을 받을 수 있도록 시스템을 정비해야 한다는 뜻이다.

폭력 예방과 아동학대 대응 역량을 강화하는 일도 학교장의 중요한 책무이다. 학교는 학생들을 폭력으로부터 보호하고 교사의 교육 권리를 보장하도록 하여야 한다. 학교장은 학교 내 폭력 예방 정책을 강화하고, 폭력 사건에 대한 신속한 대응을 보장하며 교사의 교육적 권리를 강화하도록 제도를 다듬어야 한다. 따라서 문제 아동이 아닌 타 학생들의 학습권 지속과 보호를 위해, 학교장은 직접 학생을 분리 조치 하여야 하며 교사의 교육권, 즉 수업을 이어갈 수 있도록 지원하여야 한다.

또한 학교장은 학생들 간의 다양성을 존중하고 포용하는 문화를 조성해야 한다. 이를 통해 학교의 모든 학생들이 안전하고 안정된 시공간에서 학습할 수 있도록 지원해야 한다. 이것이 바로 학생, 교사, 학교의 안녕well-being이며 교육의 가장 기본이 된다.

학교장 책무의 정점은 '학교 분권화'

'학교 자치school governance=탈중앙화decentralization'로 통하는 '학교

분권화'는 2024년, 초등학교부터 적용될 2022 개정교육과정의 핵심이다. 전반적인 교육과정 설계와 운영의 주인을 학교로 대폭 위임하는 내용이 골자이며 교육부 지침이고 교육부 장관이 발표한 이야기이기도 하다. 이를 위해 학교장의 권한이 좀 더 포괄적이고 명시적이며 경우에 따라 정밀해져야 할 필요성이 높아졌다.

서열 중심 조직에서 역할 중심 조직 구조로 리더십이 변화해야 한다는 점 역시 중요한 문제다. 우리나라의 조직 체계는 대부분 경제발전 과도기부터 주로 공장 같은 제조업이나 사업장에서 서열 중심으로 유지되어 왔다. 대표자가 알아서 결정하고, 직급이 낮을수록 시키는 일만 잘하면 되니 사업장 전체로 흐르는 의사결정을 빠르고 편리하게 진행하고 선택 사업을 집중적으로 관리하는 데 효율적인 형태이다. 하지만 특별한 창의적 아이디어를 제안하는 시도가 그만큼 적다는 단점도 있다.

이와 반대로 역할 중심 구조는 말 그대로 각자 역할과 해야 할 일을 찾아 실행하는 것이다. 실리콘밸리 회사들이 대표적인 사례라 할 수 있으며 구성원들이 팀별로 모여 협업으로 과제를 연구하고 자기주도적인 의사결정과 창의적인 생각을 공유하며 결과의 의미를 더 확장시킨다.

2019년에 미국 샌프란시스코의 뉴텍고등학교를 방문하여 학교장과 대화를 나눈 적이 있다. 젊은 교장과 나이 많은 교사들이 친구처럼 잘 지내는 것을 보며 그 이유와 교육철학이 궁금해 질문하자 그는 이렇게 답했다.

"학교는 기업 같은 수직적 환경이 불필요합니다. 수평적 조직 role-driven organization이므로 서로 친하게 얘기 나누면 필요한 일은 얼마든지 함께 해결할 수 있다고 생각합니다. 교육에서 나라별 전통과 구질서가 걸림이 되어야 할 하등의 이유는 없습니다."

안타깝게도 우리나라 학교들에는 여전히 서열적 경험과 사고 방식이 강하게 작용한다. 비록 미국과 우리나라 교육의 태생적, 환경적 차이가 있다 하더라도 학교는 당장 커나가는 아이들에게 서열 중심적이지 않은 교육을 접하도록 노력해야 하며 이것이 학교장의 책무이자 동시에 학교장의 역할이다. 대한민국 교육은 교사들의 자율성과 자기 결정권을 허용해 주는 역할 중심 학교 체제로 하루빨리 옮겨가야 한다.

학교장 교육과정개발 SBCD 및 설계 design 능력

2022 개정교육과정이 도래하면서 학교가 겪는 가장 실제적인 변화는 개념 기반 conceptual based, 탐문 기반 inquiry based, 상황 기반 context based의 교육과정 프레임이 대이동 중이라는 점이다. 학생 개인이 개별화(차별화)되는 교육을 진행해서 학생 각각이 현실과 연계된 문제를 해결할 수 있도록 돕고, 그 과정에서 백워드 과정

이 전개될 수 있도록 교육과정을 재구성하는 일이 필요하다.

현재 우리나라 공교육 학교에서 이러한 흐름을 먼저 경험해 본 곳이 IB^{International Baccalaureate, 국제 바칼로레아} 월드 스쿨로 진입한 대구, IB 교육과정 프레임워크(기본 체계나 틀)가 자리 잡힌 제주다. 교육부가 총론으로 발표하며 원형적인 틀로서 벤치마킹을 한 OECD 2030 교육나침반도 거의 같은 교육과정의 프레임워크이다. 해외 학교에서는 교장을 뽑을 때 학교운영위원회 school board를 통해서 해당 학교 교사들이나 외부 공모를 받아 누가 이러한 학교교육과정 설계와 실행 능력이 탁월한지, 경력과 증거를 제1순위로 고려한다. 당연히 우리나라처럼 학교에서 교육부나 교육청으로 전문직 종사자가 전직하는 경우도 적지만 다시 학교 관리자로 돌아오는 법도 없다.

우리나라 교육 현실에서 교사의 교육권을 보호하고 학생의 학습권을 유지하는 일은 학교장의 가장 중요한 임무와 책무 중 하나가 되었다. 외국이나 우리나라 모두, '학교장'은 자교 교직원을 우선 보호하고 교육권이 침해받지 않도록 예방 정책을 만들어 실행하고 외부 간섭으로부터 교원들을 적극적으로 막아주고 도와주며 무죄추정의 원칙에 의거, 교사를 적극 변호하여 단위 학교의 교육이 정상 운영될 수 있도록 적절한 책임을 질 줄 아는 학교 관리자이다. 또한 서열보다는 역할 중심으로 학교의 자치권을 탁월하게 운용할 수 있는 역량부터 갖추도록 노력하는 것이 현세기 시대 정신에 부합하는 진정성 있는 학교 관리자의 책무이다.

학교장에게 전혀 새로운 교육적 기대를 할 수 없는 학교 시스템이라면 교사와 학생의 상호 발전은커녕 지금처럼 입시나 내신이라는 상대평가의 부정적 환류가 넘치고, 행정업무 과다 같은 압력이 항상 말단의 교사에게만 가중될 것은 뻔한 일이다. 동시에 평가 피드백에 영향을 받은 학생과 학부모의 악성 민원과 무분별한 폭력이 학교에 자행될 것이며 이는 교사를 더욱 취약하게 만들어 결국 극단적인 상황으로 몰아가는 일들이 빈출하게 되고 근본적으로 '학교 자치'를 전적으로 위협함과 동시에 더욱 지체하도록 만들게 될 것이다.

교사와 학생 모두가 안전한 교육환경에서 성장하고 발전할 수 있도록 학교장은 어떻게 책임을 다하고 책무성을 강화할지 그 방안을 학교 단위로 세우고 학교교육과정 설계 기준에 의하여 자치적으로 실행할 수 있어야 한다. 또한 학교를 위협하는 학교 외부의 악성 민원은 교육청이 효율화된 민원 대응 시스템을 마련하여 지원할 수 있도록 목소리를 높여야 하고 그 과정에서 여러 민감하고 복잡한 사안에 우선적으로 나서서 일선 학교와 교사들을 지원하고 도와주어야 한다.

 이미 해외의 선행 지표들은 학교장의 책무가 '학교 분권화(자치화)'가 되었을 때 가장 의미 있다고 정의한 바 있다. 학교장의 업무가 바람직하게 이행될 때 '교사 주도성'과 '학생 주도성' 그리고 '학교 웰빙'의 기초가 탄탄하게 세워질 수 있다. 우리나라 학교에서도 부디 교육부가 써낸 '2022 국가교육과정 총론'이 잘 이행되고 실제화되길 바란다. 그 중심에는 단위 학교장의 변혁적 리더십과 책무성이 상존함을 항상 기억하고 교장 일선에서 학교를 바꿔나가야 함을 잊지 말아야 할 것이다.

공교육 멈춤을 넘어, 대전환을 꿈꾸다

출발선은 달라도 배움은 다를 수 없다

한희정
서울삼양초등학교 교사

자율과 선택의 그늘, 그 끝은?

상명 하달식 조직문화가 대한민국의 고질적인 사회문제라는 말이 나온 지 오래다. 한국 교육계를 지휘하는 권위주의적 관료제의 병폐가 자율적인 교육활동, 주체적인 판단능력을 길러주지 못한다는 말은 1995년 5·31 교육개혁을 추진하기 전부터 등장했다. 김영삼 정부에서 교육부 장관, 노무현 정부에서 부총리 겸 교육인적자원부 장관을 역임한 안병영 교수는 다음과 같이 회상한다.

> "5·31 교육개혁은 기존의 권위주의적 발전국가의 '권위 관계'에 기초한 위계적, 공급자 위주의 교육체계를 자율과 경쟁, 다양화

와 특성화에 기초한 수요자 중심의 열린 교육체계로 바꾸는 획기적 작업이었다. 한마디로 한국 교육은 바로 이 개혁을 통해 새 판이 짜였다."●

위계적인 공급자 위주의 교육체계를 자율과 경쟁, 다양화와 특성화에 기초한 수요자 중심 열린 교육으로 바꿔온 30여 년의 역사가 바로 지금 우리가 목도했던 2023년 여름의 뜨거운 절규로 귀결된다고 한다면 과한 것일까? 안병영 교수는 같은 기고문에서 5·31 교육개혁의 과제들이 성공적으로 집행되어 이후 다수의 정권교체가 이루어졌지만 교육 개혁의 근간이 되었다고 평가한다.

5·31 교육개혁안이 표방하는 신자유주의 교육관은 성과만큼이나 폐해도 분명하다. 세계화·정보화·지식사회화 시대에 대응하는 국가 경쟁력 강화를 목적으로 교육의 수월성을 추구하고, '입시경쟁', '사교육비 부담' 같은 국민들의 고통을 덜기 위한 개혁이라는 명분은 이미 퇴색한 지 오래다. 교육의 수월성을 추구하고 중등교육의 평준화를 해체하는 기조는 입시경쟁 시작 연령을 낮추면서 사교육 시장의 무한팽창으로 나타나고 있다. 자율과 경쟁이라는 신자유주의적 질서를 내면화한 주체들은 각자

● 「[특별 기획] 5·31 교육개혁의 배경과 의미」(안병영, 〈동아일보〉, 2023년 5월 25일)

도생의 길로 내몰리면서 '수저론'을 펼쳐놓는다.

해체하겠다는 위계적 권위 관계는 수요자들의 요구에 따라 새롭게 만들어지는 교육정책과 제도, 법령으로 재편되었다. 학교와 교사는 수요자에게 평가받는 서비스직으로 전락하고 교육활동은 '선택'할 수 있는 상품이 되었다. 부와 권력의 양극화에 따른 거주지 분화 현상에서 개인이 점유한 위치성은 사회경제적 지위의 표상이 되고, 거주지 선택은 곧 학교 선택이 된다. 교사의 교육적 행위에 만족하지 못하면 어떤 방법이든 동원하여 바꿀 수 있다는 권력은 그렇게 획득된 것이다. 그 극단의 사례가 바로 서이초, 호원초, 관평초, 신목초 교사의 죽음이다.

5·31 체제 30여 년의 역사를 눈앞에 둔 시점에 도래한 '공교육 멈춤'은 87년 6월 항쟁 이후 우리 사회체제 전반을 돌아보고 새로운 역사적 기획을 모색하는 계기가 되어야 한다. 5·31 체제가 만든 위기적 징후는 도처에 있었다. 2014년 세월호 참사와 '가만히 있으라'는 메타포는 한국 사회에 큰 충격으로 다가왔고 이에 대한 사회적 담론이 활발하게 펼쳐졌다. 그러나 촛불혁명 이후 공정과 능력주의 담론이 얽힌 난맥상 앞에서 여지없이 무너지면서 앙시앵 레짐의 유한 질주를 목도하고 있다.

한 존재의 삶에 주목하는 시스템

개인에게 물리적·신체적 억압을 가하는 권력은 원초적이다. 복잡하고 불확실한 세계에서 권력은, 힘의 질서를 구조화하는 담론을 개인이 자발적으로 내면화하면서 순응하도록 하는 통치 체제를 구사한다. 담론의 산물인 인간이 지배담론 너머를 사유할 수 있는 힘은 교육에서 나온다. 그러나 5·31 체제가 명시하는 신자유주의 담론은 국가교육과정 총론 문서에서, 자기주도학습에 대한 환상에서, 교사 전문성 담론에서 다양하게 나타난다.

내면화된 신자유주의의 표상인 각자도생의 이면에는 능력주의meritocracy가 있다. 동일한 기준으로 줄을 세우는 것만이 공정이라고 보는 시각은, 신분에 따른 세습에 저항하는 진보적 의제였던 '능력'이 그 진보성을 잃고 체제 내적 이데올로기로 작동하고 있음을 보여준다. 능력에 기초하지 않은 편법이나 사회적 약자에 대한 배려는 역차별이라는 능력주의적 인식이, 불안한 미래에 대한 개별주의적 접근, 불공정한 사회에 대한 개인적 대안이 된 셈이다.

동시에 과학기술의 진보가 펼쳐놓은 정보 접근의 용이성, 익명 사회 속 실명 찾기의 가시성, 수없이 분화되는 정보의 편향성은 절대적·보편적 약자라는 개념 자체를 무력화시켰다. 보편적 약자성의 분화는 분열된 갑을관계로 표상된다. 교사는 각자도

생을 이념화한 학부모에 의해 철저한 을이 되어 괴롭힘을 당할 수 있고, 학생은 '약자성'을 무기화한 '법'을 빌미로 절대 강자가 되어 모든 질서를 무너뜨릴 수 있다. 그리고 여전히 보편적 강자로 교실을 군림하는 교사, 학교를 지배하는 교장이 존재한다.

그러나 이 모든 현상의 이면에는 관계성이나 공동체성이 결락된 '개인'이 있다. 신자유주의 교육담론의 형성과 저항에 대한 연구에서 서덕희는 두 가지 경향성을 짚어낸다. '개인의 교육 선택권' 담론은 개인의 수월성 성취를 위해 다양한 교육을 선택할 권리로, '공동체적 사회운동' 담론은 경쟁력보다는 가치와 그에 따른 교육의 다양성을 구성해 나가는 노력으로 이어진다.● 즉 신자유주의 교육담론은 수월성 대 공동체성, 효율을 위한 처방 대 성찰을 위한 서사의 양 날개 어딘가에 위치를 점유하고 있다는 것이다.

신자유주의 교육담론 형성과 저항의 지형도

	수월성	공동체성
효율을 위한 처방		
성찰을 위한 서사		

● 「"교실붕괴" 이후 신자유주의 교육담론의 형성과 그 저항」(서덕희, 교육사회학연구 16(1) 77-105, 2006)

수월성 성취를 위한 효율적 처방과 공동체성을 위한 성찰적 서사 사이에서 우리 사회, 우리 교실, 나는 어디에 위치하고 있는지 살펴야 할 시기이다. 그리고 수월성 성취를 위한 효율적 처방의 극단에서 공동체성을 지향하는 성찰을 위한 서사를 시작해야 한다. '신자유주의 이후'에 대한 사회적 담론들은 공정 이후의 세계, 공화주의에 대한 논의로 펼쳐지고 있다. 관계성과 공동체성에 기반한 정치에 대한 모색은 '공정'이 아닌 '정의' 개념으로 이어진다.

김정희원은 "한 사회의 구성원이라면 누구나 존엄한 삶을 살 수 있는 각자의 몫과 사회경제적 조건을 보장받는 보편적 정의"● 개념을 대안으로 주장한다. 교육에서 공정을 넘어선 정의는 '한 존재의 삶에 주목하며 누구나 존엄한 삶을 살 수 있는 기본 역량을 갖출 수 있도록 지원'하는 것으로 수렴되어야 한다. 무엇보다 '한 존재'를 중심으로 사유하는 서사가 가능한 법·제도적 지원 구조 재편이 절실하다.

현행 법률 체계를 보면 「다문화가족지원법」 「한부모가족지원법」 「가정폭력방지 및 피해자보호 등에 관한 법률」 「건강가정기본법」 「아동·청소년 성보호에 관한 법률」 「아이돌봄 지원법」 「청소년 보호법」 「청소년활동 진흥법」 등은 여성가족부에서, 「장애

● 『공정 이후의 세계』(김정희원, 창비, 2022)

인 등에 대한 특수교육법」「기초학력보장법」「도서·벽지 교육진흥법」 등은 교육부에서, 「영유아보육법」「국민기초생활 보장법」「아동복지법」「아동의 빈곤예방 및 지원 등에 관한 법률」「긴급복지지원법」「장애아동복지지원법」「사회보장기본법」은 보건복지부에서 소관한다. 다문화가족에 국민기초생활 지원대상자이면서 기초학력 미달인 학생에게 필요한 지원은 해당 학생을 중심에 두고 설계되지 않는다. 기존의 지원 프로그램을 비계열적으로 나열하며 알아서 선택하고 신청하라는 방식이다.

미래 세대에 대한 법·제도적 지원 체계는 이렇게 정부 부처별, 사업별, 정책별 쪼개기 방식이라 복잡하고, 프로그램 중심이라 한 아이에게 꼭 필요한 방법을 찾는 것 자체가 어렵다. 법적 보호자의 신청을 근거로 하는 방식이라 보호자와 연락이 되지 않거나 보호자의 문해력이나 정보이해력이 낮으면 사각지대가 발생할 수밖에 없는 구조다. '사례 관리' 중심으로 교육복지 지원 시스템을 개편하고 있기는 하지만 모든 학교에 이를 담당할 사회복지사나 지역사회전문가가 배치되지 않아 담임교사의 정보력에 의존하고 있는 복불복 상황이다. '한 존재의 삶에 주목하는 교육 시스템'은 선별 복지나 보편 복지냐 하는 이원화된 담론을 넘어서 필요에 맞는 맞춤형 지원이 가능한 구조로의 완전한 재구조화다. 이를 도식화하면 다음 표와 같다.

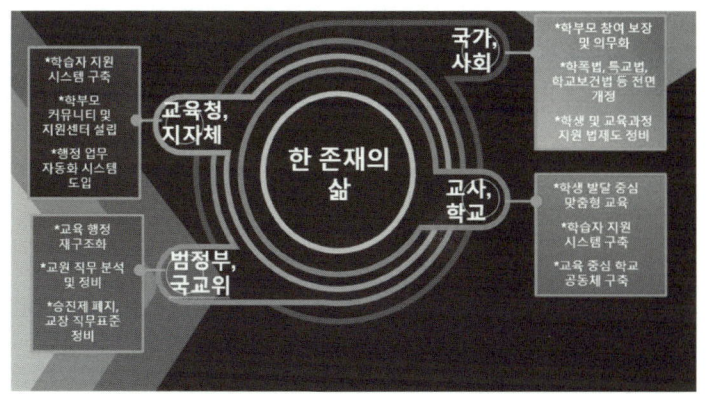

한 존재의 삶에 주목하는 시스템으로 재구조화

우리가 꿈꾸는 교육 대전환

한 존재의 삶에 주목하는 시스템으로 재구조화하는 과정은 지난한 담론의 전쟁터가 될 것이다. 공정 담론이 신자유주의적 세계관으로 편향되었듯, 존재의 기본권 보장을 위한 길을 만드는 과정 역시 이미 화석처럼 굳어진 관습과 법·제도를 혁파하는 데에서 무수한 시행착오들이 발생할 것이고 그 와중에 길을 잃게 될 수도 있다. 그럼에도 역사가 주는 교훈을 통해 질척거리는 현실 속에서 그 너머를 상상하며 교육 대전환을 준비해야 한다.

학생: 배움을 꽃피우는 존재

지능정보화 및 초연결사회로 진입하며 미래교육에 대한 담론이 확산되는 반면, 기술사회에 대응하기 위한 인문학적 소양을 가르칠 필요성 역시 높아지고 있다. 끊임없이 진화, 변이하는 기술사회에서 학생은 배움을 꽃피우는 존재로 존중받아야 한다.

- **출발선 평등을 보장하는 영·유아교육**: 영·유아교육은 모든 교육의 출발점으로, 교육 불평등 해소는 영·유아 교육 시기부터 시작해야 한다. 이에 대한 범사회적 대책이 필요하다.
- **배움과 성장의 기초를 다지는 초등교육**: 초등학교 1학년 교실에서부터 모든 학생의 모니터링 및 지원 시스템을 구축하여 저학년 학생에 대한 집중적인 지원으로 출발선 격차를 완화하고 모든 학생이 배움과 성장의 기초를 다질 수 있도록 해야 한다.
- **자율적 역량을 함양하는 중학교 교육**: 중학교 교육 기간은 격변의 시기로, 성적으로 성숙하고 신체적으로 성장하며 사회문화적으로 독립을 이루어가는 온 과정을 지원함으로써 자율적 역량 함양을 보장해야 한다.
- **주체성과 시민성을 실현하는 고등학교 교육**: 학생들의 선택권 보장에 따른 행·재정적 지원이 가능한 체계를 갖춰야 한다. 새 시대에 맞는 입시 개편으로 성인으로서 주체성과 시민성을 키워가는 고등학교 교육을 위해 보다 적극적인 시도가 필요하다.
- **기본 역량 함양을 위한 맞춤형 교육**: 태어날 때부터 기본권을 보

장하는 사회적 지원과 더불어 장애, 경계선지능, 저소득층, 다문화, 이주 가정 등에 대한 특별한 지원이 동시에 이루어져야 출발선 평등이 보장된다. 삶의 맥락과 리터러시를 중심으로, 실질적 학습 과정과 결과를 평가하고 피드백을 통해 성장을 지원하는 질적 평가 시스템 구축해야 한다.

교육행정: 한 존재의 삶을 중심에 둔 지원체제로 교육행정 재구조화

사회경제적 시스템이 고도화되고 분화됨에 따라 가정의 소득 격차, 교육환경의 차이에 따른 학습자간 다양성 및 격차가 심화되고 있다. 교육의 공공성을 중심에 두고, 모든 학생이 성장할 수 있는 체계를 마련하려는 목표를 삼아 한 존재의 삶을 지원하는 체제로 재구조화가 필요하다.

- **교육청, 지자체, 학교, 지역사회 협력적 거버넌스 구축**: 국가교육위원회-교육부-시도교육청-학교-각종 센터가 수평적 네트워크를 구축하고, 범부처, 지방자치단체와 적극적인 협력 거버넌스를 이룰 수 있도록 확장해야 한다. 부서별로 분리된 지원을 넘어 한 아이를 중심에 둔 맞춤형 지원을 담당하는 행정 시스템을 만들어야 한다.
- **학교는 교실을 지원하고, 교육청은 학교를 지원하는 맞춤형 교

육행정: 시·도 교육청 각 과의 업무를 단위 학교로 전달하는 중간 역할 담당인 지역교육청을 폐지하고, 학교지원센터로 개편, 학교마다 공통 반복 업무를 이관하고, 교실을 지원하는 문화가 정착되도록 해야 한다.
- **디지털 혁신으로 행·재정 자동화시스템 구축**: 교육청과 학교의 업무관리시스템(에듀파인)을 개편하여 반복 업무의 행·재정 자동화시스템을 구축해야 한다.

학부모: 학부모 참여 보장으로 살아나는 학부모 자치

지능정보화 및 초연결사회에 맞게 지역과 학교의 조건, 학생과 학부모의 요구 등을 담아내기 위한 시스템을 정비하고 거버넌스를 확대하여 학부모가 주체적으로 참여할 수 있는 기회를 보장해야 한다.

- **학부모 교육활동 참여 보장**: 학부모 교육활동 참여를 위한 유급 휴가를 법적으로 보장해야 한다. 더 나아가 학부모 연수 이수 및 상담 참여를 의무화하여 교사와 학부모가 협력해 학생의 성장을 지원할 수 있도록 보장해야 한다.
- **학부모 커뮤니티 및 지원센터 구축**: 가정에서 전담하던 돌봄과 양육 기능의 상당 부분이 보육 및 교육기관으로 분화되고 있

다. 지자체는 혼인 및 출생신고를 기점으로 네트워크를 구축, 임신·출산, 영·유아 보육, 초·중·고등학교까지 맞춤형 정보를 제공하는 등의 지원을 해야 한다.

- **지역사회 커뮤니티 중심의 아동 돌봄 시스템 마련**: 교육부 돌봄교실, 보건복지부 지역아동센터, 지자체 돌봄센터, 여성가족부 아이돌보미서비스 등 다양한 돌봄서비스가 혼재되어 있다. 부처별 돌봄사업을 넘어 맞춤형 돌봄정보 전달 및 지원을 위한 통합적 서비스가 필요하다.
- **학부모와 시민의 교육주권 보장**: 누구나 정보에 접근하고 의견을 개진할 수 있는 시대적 요구에 맞게 국가교육위원회, 교육부 및 교육청 산하 각종 위원회 운영을 공개하고 온라인으로 학부모 및 시민의 참여를 보장하는 플랫폼을 구축해야 한다.

교원: 새로운 교사 전문성을 위한 사회적 합의와 주체적 실천

5·31 체제 수요자 맞춤형 교육에서 교사는 개혁의 대상이었고, 정부의 관료적·행정적 통제가 강화되었다. 이런 교직의 탈전문화de-professionalisation 현상을 넘어서기 위해 새로운 교사 전문성 기준을 정립하고 이를 저해하는 각종 평가와 규제들을 재구조화해야 한다.

- **새로운 교사 전문성 기준에 대한 사회적 합의**: 교사를 전문가라고 하지만 사회적 인식은 성직자관, 노동자관, 전문직관이 혼재되어 편향되어 있다. 새 시대에 맞는 교사관에 대한 사회적 논의가 필요하다.
- **교원 직무 실태 분석 및 행정 업무 경감**: 각종 법령과 정책의 홍수 속에서 한국 교사에게는 무한책임주의가 강제되고 있다. 유·초·중·고·특수학교 교사의 정밀한 직무 실태 분석에 근거하여 교육활동과 무관한 행정업무 등은 폐지하거나 단순반복업무는 자동화해야 한다.
- **승진 시스템 개편 및 공모교장제 전면 도입**: 보신주의와 상명하복에 따른 승진제의 폐해가 깊다. 학교장 직무 분석을 중심으로 새로운 학교장상 마련, 학교장 양성시스템 구축, 양성과정 이수자 대상 교장 공모제 전면화, 민주적인 절차에 따른 학교장 선출 및 학교장 중임제 확대 체계를 갖춰 학교장의 전문성과 경험을 존중해야 한다.
- **교원평가 및 성과상여금 폐지, 각종 승진가산점 일몰**: 경쟁을 통한 교사의 교육력을 강화하기 위해 도입한 교원평가 및 성과상여금제도는 학교 문화를 황폐화시키는 주범 중 하나로, 당장 폐지해야 한다. 신설 업무나 기피 업무 배정 도구가 된 승진가산점도 폐지해야 한다. 새로운 교사 전문성 기준에 맞는 제도적 지

원이 필요하다.

법·제도: 교육이 가능한 교실을 위한 법·제도 정비

교사들의 정치기본권과 노동기본권을 보장하지 않고 정치와 입법 과정에서 소외시킨 결과 학교교육을 둘러싼 여러 법령은 무한 책임을 강제하는 쪽으로 확장되었다. 2023년 10월 1일, 교권보호 4법이 국회 본회의를 통과했지만 교육이 가능한 교실을 위한 법령 정비는 더 확장되어야 한다.

- **교육부 「학생 생활지도 고시」 개정**: 현 고시의 미비점을 개정, 학생 즉시 분리 시 이를 전담할 인력을 확보하고 지원 방안을 당장 마련해야 한다.
- **보건복지위원회 「아동복지법」 개정**: 제17조 제5호 정서적 학대행위의 모호성에서 파급된 현 상황의 엄중함을 받아들이고, 교사의 교육적 행위에 대한 무분별한 신고 및 신고 협박을 방지할 수 있도록 보완 입법해야 한다.
- **법제사법위원회 「아동학대처벌법」 개정**: 아동학대행위가 발생한 공간이 공개된 교실인 경우에 대한 신고는 아동학대행위가 아닌 교육활동으로 다루도록 보완 입법해야 한다.
- **교육위원회 「초·중등교육법」 및 「유아교육법」 개정**: 수업 방해

학생에 대한 즉시 분리 및 학습권을 보장해 줄 수 있는 생활지도 전담교원 배치를 의무화하도록 추가 개정해야 한다.

- **「특수교육법」 개정 및 지원인력 대책 마련**: 특수교육대상학생뿐 아니라 일반학생도 장애 통합교육을 통해 함께 성장하고 안전하게 학습할 수 있도록 교육환경을 조성해야 한다.
- **「학교폭력예방법」 전부 개정**: '학교폭력'이라는 명칭 자체의 부정적 이미지, 학생을 대상으로 하는 모든 폭력을 포괄함으로써 과잉 해석을 현실화하는 방식, 조기 예방만이 최선인 상황에서 법적 쟁송만 남게 된 불완전한 대책이라는 오명 등의 문제를 해결해야 한다.
- **범부처 차원의 「학생맞춤통합지원법안」 제정**: 학생의 전인적 성장을 위해 분절적 형태로 운영되던 지원 프로그램을 학생별 상황에 맞는 맞춤형통합지원이 가능하도록 법안을 제정하되, 교육부가 아닌 범정부적 종합적 복지 차원에서 법안이 함께 제정되어야 한다.
- **「정서행동위기학생 지원에 관한 법률」 제정**: 정서행동위기학생은 늘고 있지만 이를 지원하는 정책은 난맥상이다. 수업 방해, 학교폭력, 교권침해, 아동학대 신고와 모두 연결되어 있는 상황으로 정서행동위기학생 지원을 위한 적극적인 입법 노력이 필요하다.

- **보호자에 대한 법적 개념 재정비**:「교육기본법」의 보호자와「아동복지법」의 보호자는 정의가 서로 다르다. 법리적 해석의 모호성을 해소하고 보호자 신청주의의 한계를 넘어서야 한다.
- **「학교보건법」개정**: 초·중·고등학생의 건강검진을 보건복지부에서 통합 운영하고, 학교 보건은 대증 치료 및 응급 상황 구제, 정서심리발달 지원을 중심으로 개편해야 한다.

공교육 멈춤은 공교육에 대한 새 시대적 소명을 다시 사유한다. 학생 스스로 배움을 꽃피우는 존재로 자기 삶을 살아가길, 학부모 참여 보장으로 실질적인 학부모 자치를 실현하길, 교원의 주체적인 실천으로 교사 전문성을 생성하길, 이를 위해 한 존재의 삶을 중심에 둔 지원체제로 교육행정이 재구조화되길 바란다. 이 모든 것을 현실화하고 문화화하기 위한 법·제도의 정비, 5·31 체제의 종언과 새 시대를 위한 사회적 담론으로 교육대전환은 시작되었다.

〈참고문헌〉

「'신자유주의' 공정 논의에 대한 비판적 고찰」(김민정, 경제와 사회 138호 240-246, 2023)
「신자유주의 교육개혁에서 교직의 전문성」(박상완, 교원교육 31 1 227-245, 2015)
「5·31 교육개혁 이후 한국 교육의 신자유주의화와 새로운 시민의 형성」(장상철, 사회와 이론 39 241-263, 2021)

에필로그
그럼에도 학교에 희망이 있다

사상 초유의 교사 대규모 집회가 이어지는 동안, 교사들은 일점 돌파 전략을 택했다. 아동학대 관련법 개정을 단일 타깃으로 삼은 것이다. 해야 할 말은 많았으나 전략적 이유로 말들을 삼켰다. 이 책은 그러한 말들에 대한 이야기다. 실천교육교사모임 여러 교사들이 글을 모아 만들었다. 유아, 초등, 중등, 특수교사 들이 참여하였고 필진들의 소속 지역도 서울, 경기, 세종, 전북, 전남, 경북, 대구, 충북, 충남 등 다양하게 분포되어 있다. 글의 주제가 때론 비슷하고 때론 차이를 보이는 것도 각 선생님들이 보고 있는 관점이 달라서다. 교육 문제가 복잡한 만큼 여러 층위의 내용을 조금씩이라도 풀어보려 하였다.

이 책이 학교와 교육의 모든 것을 말하고 있다면 욕심이다. 그저 현장에서 보고 있는 개선 가능한 이야기들을 하려고 하였다. 단순히 교사를 넘어, 교육정책가들과 시민들이 들을 수 있는 이야기를 하려 하였다. 그래서 무거운 글과 가벼운 글이 넘나든다.

교사들은 '학교는 어떻냐?'는 질문을 받으면 늘 조심스럽다. 내가 경험하고 있는 것이 전국의 모든 학교를 대표하는 것은 아니기 때문이다. '내가 잘못해서 그런 것은 아닐까?' '우리 학교만 문제가 있는 것은 아닐까?' 하는 생각이 교사들의 기본 태도다. 실제로 이 책을 쓰며 저자들은 서로가 다른 학교급, 다른 지역에 대해 너무 모르고 있었다는 것을 다시 깨닫곤 했다.

교육정책가들은 거시적인 것들을 말한다. 유보통합, 학교시설복합화, 교육감 러닝메이트제와 같은 것들이다. 그러나 교육의 우선순위는 교실 현장과 관련된 이야기들이어야 한다는 것이 저자들의 생각이다. 유치원 교사들의 교권이 확보되지 않는 상황에서 유보통합논의는 어떤 결과를 낳을까? 대전의 한 고등학교에서는 무단침입한 졸업생에게 교사가 칼에 찔리는 일이 있었다. 그렇다면 학교시설복합화를 어떻게 받아들여야 할까? 무차별적 아동학대 신고를 이유로 들어 교감이 교사를 직위해제하는 상황에서 러닝메이트제는 무슨 의미가 있을까?

시민들은 자신의 경험을 바탕으로 학교를 이야기한다. 과거의 기억이나 현재의 경험들을 과대 반영한다. 그러다 보니 왜곡된 교육 담론이 많다. 보편적 학교에 대한 이야기를 누군가는 해야 한다.

글을 쓰고 고치며, 여러 번 되물었다. 우리도 혹시 우리 학교 현실을 과장하는 것은 아닐까? 나는 학교가 무너지고 있다고 말할 때마다 몹시 아팠다. 무너진 학교 얘기를 듣고, 자녀를 학교에 믿고 보내지 못하는 부모들이 많아질까 겁이 났다. 학교를 믿어야 다시 학교가 밑에서부터 쌓아 올려질 텐데, 그 신뢰를 영영 회복할 수 없는 것은 아닐까 두려웠다. 이 말들이 다시 학교와 사회에 부메랑으로 돌아올까 걱정했다. 그래서 이것이 과장이라면 반드시 고치고 바로잡아야 했다. 그러나 몇 개의 글들이 계속해서 같은 좌표를 가리키는 것을 보고 나는 이것이 과장되지 않은 학교의 현실이라고 생각했다. 그렇다면 여기서 무너지지 않고 다시 버텨내는 것이야말로 교사들이 일상에서 해야 할 일이라고 느꼈다.

지난 몇 년간은 정부 예산이 늘어나면서 교육부와 교육청 예산도 함께 늘어났다. 2010년부터 2020년까지 경기도교육청 소속 일반직은 5,161명에서 1만 3,118명으로 154.2%가 늘었다. 같은 기간, 교사는 약 11%가 늘어났다. 교육현장이 어떤 변화를 겪었는지를 가장 잘 나타내주는 수치다. 관료들은 늘어났고, 늘어난 관료들은 새로운 업무들을 만들었다. 학교가 해야 할 일은 급증했다. 그 속에서 교사는 관료로 변화했다.

현재 정부의 교육 예산은 다시 줄어들 것이라는 전망이 우세하다. 그렇다면 이제 다시 교사는 관료에서 벗어날 수 있을까?

쉽게 답하기 어렵다. 이미 관료적 구조화가 이루어졌기 때문이다. 여기서 벗어나지 못한다면 교사들이 교육의 주체로 서기란 쉽지 않다. 교사들의 목소리는 힘이 없다. 가장 큰 이유는 공교육에 대한 불신 때문이다. 교사로서 이러한 불신을 느낄 때마다 벽을 만나는 것 같다. 그러나 그렇기에, 교육의 현실을 알리고 대안을 고민하는 노력을 그치지 않으려 한다. 그것이 공교육의 불신을 회복하려는 또 하나의 노력이기 때문이다.

2010년부터 2020년까지 학생 수는 29.8%가 줄었다. 대한민국의 합계출산율은 계속적으로 낮아지고 있다. 바닥을 알 수 없는 상황이다. 학생 수도 줄어들면서 학교에 투입되는 예산도 줄어야 한다고들 말한다. 반대하는 사람들은 디지털 대전환을 위한 예산 투자가 필요하다고 말한다. 이 논쟁을 보면서, 우리 사회가 교육이 무엇인지에 제대로 합의한 적이 없다는 점을 깨달았다. 교육이 무엇인지 정의된 적이 없으니, 알 수 없는 미래에 무엇인지 모르는 교육이 합쳐진 '미래교육'은 더더욱 알 수 없는 것이 되었다.

학교에 희망이 있을까? '그럼에도' 학교는 희망이 있다고 말하고 싶다. 30만의 사람들은 결코 교사들만으로 이루어지지 않았다. 우리 교육에 미래가 있다고 믿는 사람들, 학교가 정상화되길 바라는 사람들의 응원이 모여 30만을 만들었다. 그 속에 희망이 있다. 우리 교육의 미래, 학교의 정상화는 어떤 모습이어야 하는지 집회에서는 끝내 말하지 못하였지만, 우리는 그 모습을 찾아가야만 한다.

공교육의 진정한 회복을 기대하며

김승호

추천사

광장의 목소리가 교육 혁신으로 이어지길

혼돈의 시기였다. 선생님의 그림자도 밟지 않는다던 전통적인 교육관에 균열이 발생하면서 혁신학교와 자사고, 수월성과 보편성, 학생인권과 교권 등이 대립 양상을 보이며 혼란스럽게 표출되었는데, 어느 날 교사들이 대규모 집회를 연속적으로 개최하는 전대미문의 상황이 발생했다. 서이초로 익명화된 사건이 조용한 교육의 바다에 거대한 폭풍을 몰아왔다. 수면 아래 감추어졌던 잘못을 바로잡자는 처절한 외침이었다.

  이 책은 수많은 교사가 여름을 뜨겁게 달구었던 그 사태를 다루고 있다. 왜 집회가 필요했고 어떻게 시작되고 어떻게 진행되었는지 진솔하게 그려주고 있어 상황을 이해하는 데 도움을 준다. 사태의 묘사에 그치지 않고 한 걸음 더 나아가 집회로 표현되기 어려운 교육 문제점과 미래 과제를 담백하게 제시하고 있어 더욱 가치 있다. 이 과제를 필자들은 우리 교육의 대전환에 대한 희망으로 모아내는 중이다.

2023년 여름의 집회는 변화의 출발일 뿐 다시 시작해야 한다. 이 과정에서 학생인권과 교권을 대립시키지 않고, 교사에게 금기어가 된 시민권의 부존재를 비판적으로 재검토하면서, 교육의 문제를 시스템으로 접근하여 해결하는 지혜가 필요하다. 여름의 그 뜨거웠던 열정이 교육 혁신으로 나타나기를 기대한다.

정대화(국가교육위원회 상임위원)

우리 삶을 광장으로 만들 수 있다는 희망

광장에 처음 모였던 2023년 7월의 시작도, 2023년 10월의 끝도, 어떠한 조직적 계획에 의한 것이 아니었다. 역설적으로 조직적이지 않았기에 더 조직화된 거대한 목소리를 낼 수 있었다. 하지만 어느 단체의 주도가 아니기에 이 중요한 역사적 사건의 기록이 파편화되어 흩어질까 걱정되는 마음이 들었다. 다행히도 실천교육교사모임에서 대한민국 교육사에 큰 발자취를 남겼던 광장에서의 일을 책으로 남겨 너무나 반가웠다.

인디스쿨이라는 교사 커뮤니티에서 자발적인 기획으로 시작되고 끝났던 광장에서의 일은 정말 많은 교사들의 목소리가 반영되었다. 그렇기 때문에 그 과정은 조직적이고 일사분란하지 못했고 여러 가지 맥락과 상황에 의해서 시시때때로 바뀌며 그

뜻이 흩어졌다 모이기를 반복했다. 위에서 정해진 선명하고 정제된 목소리가 아니라 수많은 교사가 아래에서부터 외친 다양한 목소리였다. 그렇기에 광장에서의 일을 모두 안다고 말할 수 있는 사람은 없을 것이다. 모두 자신만의 위치에서 자신만의 눈으로 바라보고 기억할 뿐이다.

이러한 점에서 다양한 저자들의 시선을 담은 이 책의 가치는 높다고 생각한다. 누군가는 광장 안에서, 누군가는 광장 밖에서 많은 일들을 기록했다. 또 단순히 광장에서 벌어졌던 이야기를 기록하는 것을 넘어 교사들이 광장에 모일 수밖에 없었던 다양하고 복잡한 이유를 조명했다. 그리고 그 이야기를 넘어 그렇다면 우리는 이제 무엇을 해야 하는지에 대한 방향성도 다양하고 구체적으로 제시해주었다. 특히 이 모든 사건의 근본적인 문제라고 여겨지는 '교사가 정치적 천민으로 살고 있는 문제'에 대해 그 심각성과 더불어 교사들 모두가 해결해 나가야 함을 분명히 전해주었다.

나도 여느 선생님처럼 2023년 7월의 시작과 2023년 10월의 끝에 함께 광장에 서 있었다. 이제 당분간 물리적 공간의 광장에 있지는 않겠지만, 이 책 덕분에 우리의 삶을 광장으로 만들어야겠다는 그리고 만들 수 있다는 희망을 품어본다.

이동규 (학교는 떠났지만 교육을 떠나진 못했던 전직 교사)

공동체를 넘어 공화주의로

이 이야기는 선생님들의 살아 있는 기록과 관점이다. 서이초 교사의 가슴 아픈 죽음을 계기로 교사들이 경험한 내면, 학교 내부와 외부, 학생과 학부모의 관계를 다루었다.

학교는 공적 영역에 구축된 또 하나의 사회, 즉 시민사회이다. 서로 다른 개인과 집단의 가치와 관점과 이해가 때로 조화를 이루지만 종종 대립하고 다툼이 일어나는 공적 공간이다.

이제 학교는 서로 다른 이익을 추구하거나 각기 다른 관점을 가진 구성원들이 대립하고 타협과 양보를 하면서 동시에 공공성과 공익성의 집을 확대하고 구축하는 곳이 되어야 할 것이다. 합일하는 공동체에서 긴장과 갈등을 포괄하는 공화주의로 나아가는 길목에 우리는 서 있다.

장수명 (세종교육회의 의장)